AF391535

LA
CUISINIÈRE
BOURGEOISE.

LA
GRANDE ET VÉRITABLE
CUISINIÈRE BOURGEOISE

OU LE
CORDON BLEU

DES VILLES ET DES CAMPAGNES

CONTENANT

Des conseils indispensables pour faire les honneurs d'une table,
l'art de découper, ou dissection des viandes,
les procédés les plus nouveaux pour faire une cuisine simplifié
et économique, la manière de trousser la volaille et le gibier,
la pâtisserie, l'office, le service de la table avec indication
du menu d'un repas, les soins à donner à la cave et aux vins, la con
servation des viandes, les meilleurs appareils de cuisine, etc.

AUGMENTÉE AUX ARTICLES BŒUF, VEAU, MOUTON
de la classification de leurs diverses parties
GUIDE INDISPENSABLE A TOUT LE MONDE.
PAR Mlle JEANNETTE.

Ouvrage accompagné de 47 gravures.

PARIS,
LE BAILLY, LIBRAIRE,
Rue Cardinale, 6, faub. St.-Germain.

1861

PRÉFACE.

Le premier motif qui a dirigé la publication de ce livre est d'abord la leçon de l'expérience, sachant que tel habile que soit un cuisinier, sa mémoire ne lui fournit pas toujours toutes les recettes de son art, dans l'instant qu'il en a besoin.

Plusieurs célébrités culinaires m'ont fait l'honneur de lire ce livre et l'ont jugé digne de paraître en public comme étant utile à toutes les personnes qui s'occupent de la préparation des aliments, aux uns pour apprendre, aux autres pour rappeler leur souvenir.

Les maîtres ou maîtresses de maisons trouveront dans cet ouvrage ce qui peut leur servir en tout temps de *vade mecum* dans le choix des mets de saison, aussi bien que dans l'économie des dépenses occasionneés journellement par les tâtonnements ou le manque d'habitude. Ils apprendront par la simple lecture les ingrédients qui entrent dans la composition du plat que l'on vient de leur servir, la *conservation des viandes*, les *soins de la cave*, le *service de la table*, la *pâtisserie*, l'*office*, quelques-uns des meilleurs appareils de cuisine, etc., etc. La *nomenclature des diverses qualités de viande de boucherie*, guide indispensable pour toute bonne ménagère. Tout cela vient se ranger méthodiquement dans notre Cuisinière bourgeoise.

Les cuisiniers ne doivent point considérer dédaigneusemeñü les formulaires de leur profession ; il est certain que celui qui ne réglerait son travail que sur le nôtre comme sur ceux de nos devanciers, ne pourrait être qu'un mauvais artiste, s'il n'avait par lui-même un fond de savoir pratique ; mais quand on est apte à juger le talent d'autrui, sans suivre sa doctrine, l'on y peut très-souvent puiser un renseignement, qui, commenté, mûri et augmenté, amène souvent une création nouvelle ; d'un autre côté, un serviteur qui pense en honnête homme doit autant ménager le bien de son maître que le sien propre, et imiter en cela la ménagère économe qui base son travail culinaire sur le rapport du travail journalier de ses doigts, ou du revenu de sa maison. Un ouvrage enseignant l'économie est un *premier gagné*.

Ce n'est donc pas trop le répéter, l'unique espoir
D'être utile et agréable au public a dicté ce livre.

AVIS PRÉLIMINAIRES.

CONSEILS INDISPENSABLES A UN MAITRE ET A UNE MAITRESSE DE
MAISON POUR FAIRE LES HONNEURS DE LEUR TABLE.

Un maître de maison, pour réunir dans un repas toutes les
conditions qui procurent au suprême degré le plaisir de la table, doit avoir égard aux préceptes suivants :

« Que le nombre des convives n'excède pas douze, afin que
la conversation puisse être constamment générale ;

« Qu'ils soient tellement choisis, que leurs occupations soient
variées, leurs goûts analogues, et avec de tels points de contacts,
qu'on ne soit point obligé d'avoir recours à l'odieuse formalité
des présentations ;

« Que la salle à manger soit éclairée avec luxe, le couvert
d'une propreté remarquable, et l'atmosphère à la température
de 13 à 16 degrés au thermomètre Réaumur ;

« Que les mets soient d'un choix exquis, mais en nombre res-
serré, et les vins de première qualité, chacun dans son degré ;

« Que la progression pour les premiers soit des plus substan-
tiels aux plus légers, et, pour les seconds, des plus lampants
aux plus parfumés ;

« Que le mouvement de consommation soit modéré, le dîner
étant la dernière affaire de la journée, et que les convives se
tiennent comme des voyageurs qui doivent arriver ensemble au
même but ;

« Que le café soit brûlant, et les liqueurs spécialement de
choix de maître ;

« Que le salon qui doit recevoir les convives soit assez spa-
cieux ou tout au moins débarrassé d'objets inutiles, pour orga-
niser une partie de jeu pour ceux qui ne peuvent s'en passer,
et pour qu'il reste cependant assez d'espace pour les colloques
post-méridiens ;

« Que les convives soient retenus par les agréments de la société et ranimés par l'espoir que la soirée ne se passera pas sans
quelque jouissance ultérieure ;

« Que le thé ne soit pas trop chargé, que les rôties soient ar-
tistement beurrées et le punch fait avec soin ;

« Que la retraite ne commence pas avant onze heures, mais
qu'à minuit tout le monde soit couché. »

A table.

L'Amphitryon doit tenir le milieu, pour veiller constamment au service et aux besoins de chacun ; c'est lui qui, debout ou assis, suivant que la société est nombreuse, doit distribuer les potages dans les assiettes encore placées en pile auprès de lui, et de là à son voisin de droite, puis à celui de gauche, et toujours ainsi ;

— Offrir de nouveaux mets aux assiettes dégarnies ;

— Servir le coup du milieu, et les vins d'entremets et de dessert ;

— Pourvoir à la dissection des viandes ;

— Maintenir ou amener la conversation dans le sens harmonique aux goûts généraux...

— La maîtresse de maison veille au changement d'assiettes ;

— Au service du dessert, même au besoin aux entremets.

— Les confitures, compotes, crèmes, etc., se servent à la cuillère ;

— Les fruits par la queue, le café chaud et plein.

— Les verres de liqueur doivent être laissés aux soins de chacun.

Devoirs des convives.

— Laisser leur serviette pliée en trois sur leurs genoux ;

— Manger soupe et potage sans employer la fourchette ;

— Laisser la cuillère dans l'assiette ;

— N'exempter d'eau que le premier coup de vin, hors ceux de dessert ;

— Se servir soi-même à boire, hors les vins d'*extra ;*

— Tenir les mains sur la table ; — si l'on mange des œufs, en briser les coquilles ; — rompre son pain et non le couper ; soutenir la conversation, n'y faire ni opposition ni chuchotement ; prendre son café suivant le degré de chaleur qui convient le mieux, mais dans la tasse et jamais dans la soucoupe : c'est une énorme inconvenance.

Pour beaucoup d'autres règles d'usage et de civilité, la décence et les bonnes mœurs en enseignent plus que nous n'en pourrions dire ici.

DISSECTION DES VIANDES.

VOLAILLE, GIBIER, POISSON,

OU L'ART DE LES DÉCOUPER A TABLE (1).

DU BŒUF (BOUILLI).

Dépouillez d'abord le morceau de ses os et coupez-le par tranches en travers.

BŒUF A LA MODE.

Ce genre de bœuf se coupe ainsi que le bouilli.

Fig. 1.   **DE L'ALOYAU.**

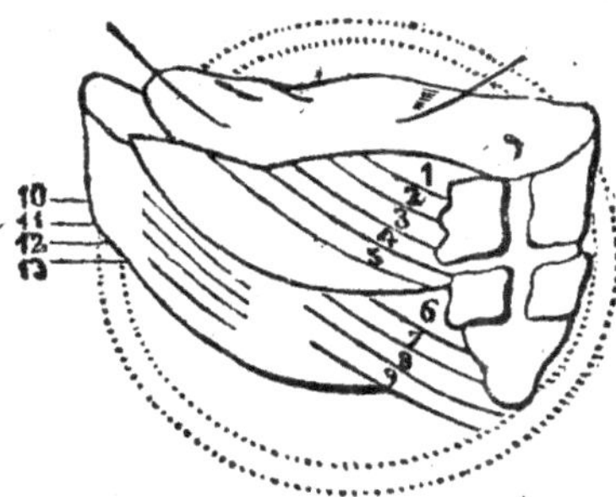

L'aloyau se dissèque en commençant par le filet du dedans, que l'on coupe par tranches, et l'on continue par celui du dehors. Voir la fig. 1re.

DU FILET.

Le filet, ainsi que la langue, se coupe par tranches ; le morceau du milieu est généralement considéré comme le plus délicat.

Fig. 2.   **DU VEAU (CARRÉ DE VEAU).**

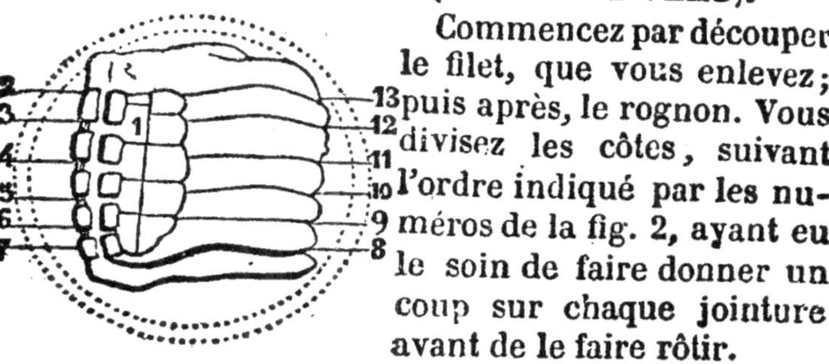

Commencez par découper le filet, que vous enlevez ; puis après, le rognon. Vous divisez les côtes, suivant l'ordre indiqué par les numéros de la fig. 2, ayant eu le soin de faire donner un coup sur chaque jointure avant de le faire rôtir.

(1) Les pointillés autour des vignettes indiquent la forme des plats spéciaux.

Fig. 3. **TÊTE DE VEAU.**

Les morceaux les plus dis-
tingués d'une tête de veau,
sont : 1° les yeux; 2° les bajoues, 3° les tempes, 4° les o-
reilles; la division s'exécute en
observant le numérotage de la
fig. 3, ensuite vous servez avec
chaque morceau une petite
portion de la cervelle.

DE LA LONGE.

La longe se coupe en petites tranches, ainsi que le carré, fig. 1.

Le casi et autres morceaux se coupent en petites fractions.

La poitrine se coupe en travers, afin d'en séparer les côtes d'avec les tendons, après vous les coupez en petits morceaux.

Fig. 4. **DU MOUTON (LE GIGOT).**

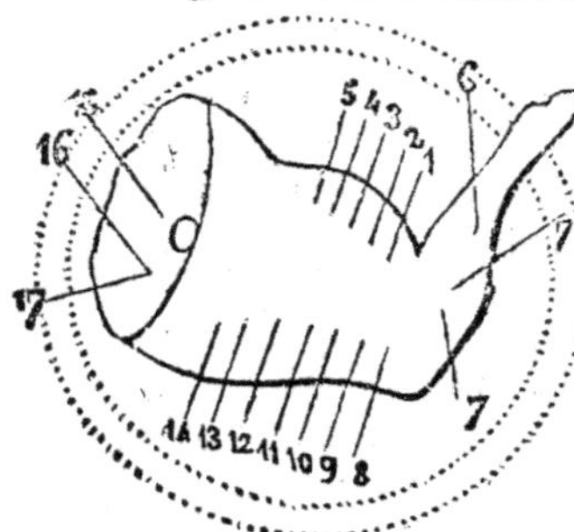

En tenant le manche
dans la main gauche, cou-
pez perpendiculairement
quatre ou cinq tranches;
enlevez la *souris*; puis, pour
détacher les parties de derrière, retournez le gigot en
suivant les indications de la
fig. 4.

Fig. 5. **DE L'ÉPAULE.**

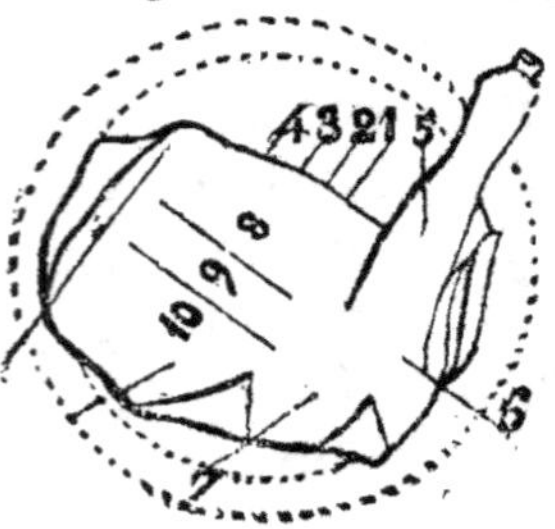

L'épaule de mouton se coupe
par tranches ainsi que le gigot;
la chair la plus tendre est celle
qui avoisine les os, de même
que celle de l'omoplate, fig. 5.
Le carré de mouton se sépare
comme le carré de veau.

L'AGNEAU.

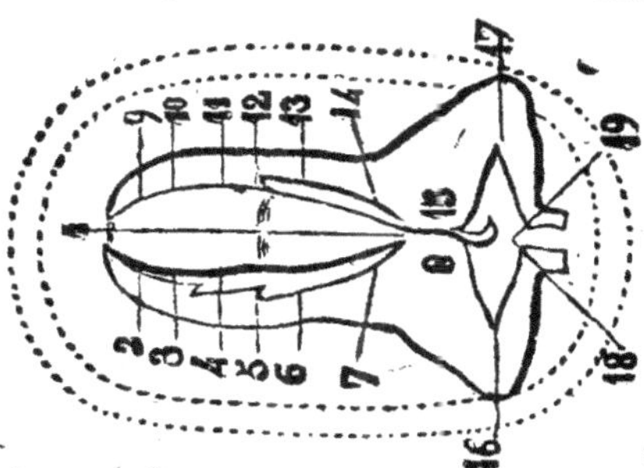

Fig. 6

L'agneau se sert presque en son entier; divisez-le d'abord par la ligne ou moitié 1, fig. 6; puis les côtes 2, 3, 4, 5, 6, 9, 10, 11, 12, 13. Après on retire les gigots 7, 16, 14, 17, en enlevant les morceaux couverts de peau rissolée; détachez les gras 8, 15, et terminez en abattant les pieds, 18, 19.

LE SANGLIER ET LE COCHON.

La *hure* du sanglier un peu au-dessus des défenses se sépare d'ordinaire en deux parties; ensuite on enlève les tranches, soit de bas en haut ou de haut en bas, et vous rapprochez après les deux parties pour les conserver fraîches.

COCHON DE LAIT.

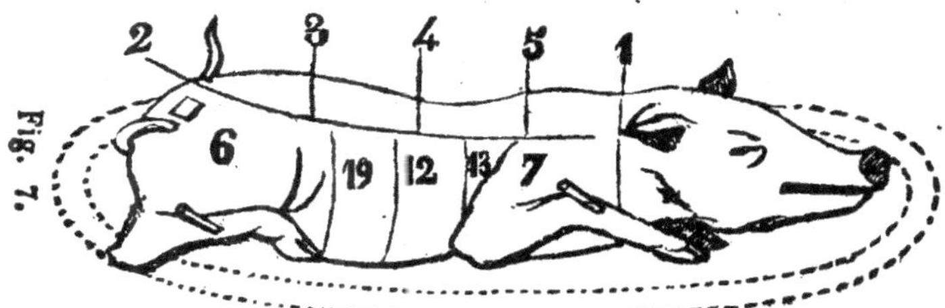

Coupez d'abord la tête, enlevez la peau par carrés, en y laissant adhérer un peu de chair; c'est cette peau seule, étant rissolée, qui est agréable à manger, car la chair de cet animal est très-fade. Suivez l'ordre de la fig. 7 pour enlever vos carrés.

LE JAMBON.

Le jambon se coupe en tranches petites et minces. Il faut, autant que possible, qu'elles soient grasses et maigres en même temps.

DU LIÈVRE ET DU LAPIN.

Fig. 8

Fig. 9

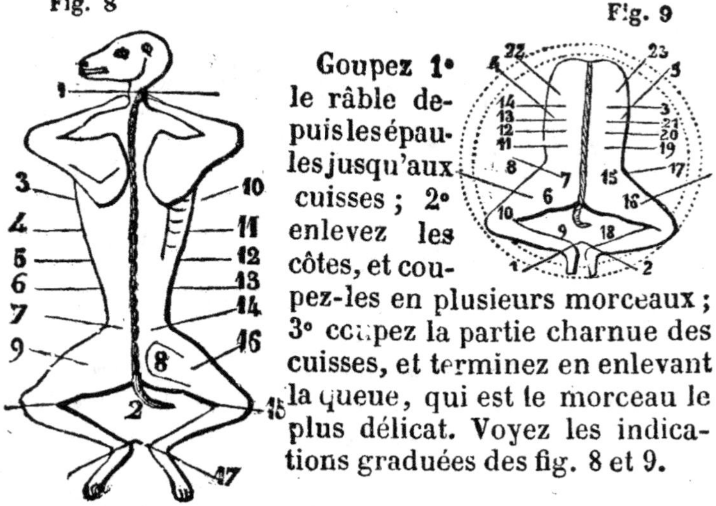

Goupez 1° le râble depuis les épaules jusqu'aux cuisses ; 2° enlevez les côtes, et coupez-les en plusieurs morceaux ; 3° coupez la partie charnue des cuisses, et terminez en enlevant la queue, qui est le morceau le plus délicat. Voyez les indications graduées des fig. 8 et 9.

DE LA DINDE.

Fig. 10.

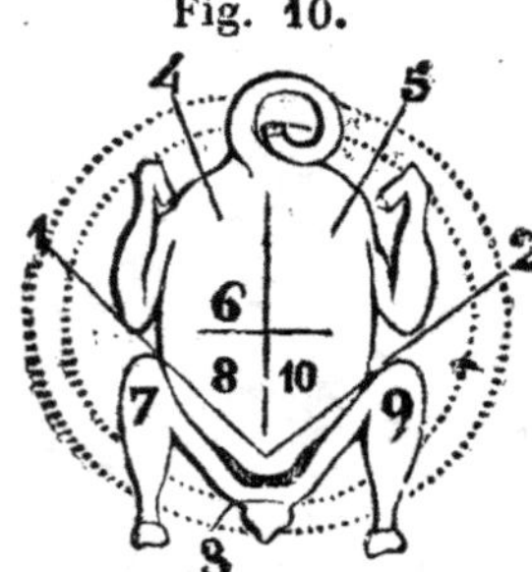

Pour dépecer, ainsi que l'indique la fig. 10, commencez par enlever une aile, n° 4, puis la cuisse, n° 7, ensuite l'aile, n° 5, la cuisse n° 9. Coupez les ailes en plusieurs morceaux, les cuisses en deux, levez ensuite les blancs et les sots-l'y-laisse ; brisez la carcassse en deux au n° 6, séparez l'estomac à 8, 10, et coupez le croupion en deux au n° 3.

L'autre méthode consiste à lever les ailes ; après quoi on brise le corps au-dessus du croupion, de sorte que ce qui reste forme un bonnet d'évêque. Dans l'un et l'autre cas, si la dinde est farcie, on sert les ingrédients à la cuillère.

DE LA POULARDE, DU CHAPON, DU POULET.

Fig. 11.

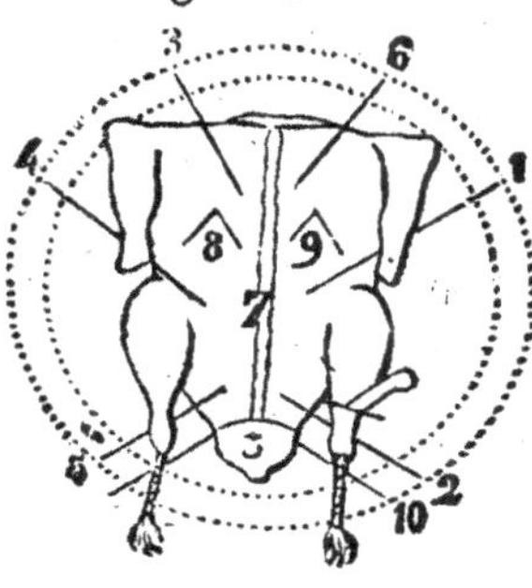

Fig. 12.

Ces trois volailles se dissèquent de la même manière que la dinde. Ainsi que dans la dinde, le morceau nommé sot-l'y-laisse est le plus distingué. L'aile et le croupion sont des morceaux galants.

DE L'OIE.

Fig. 13

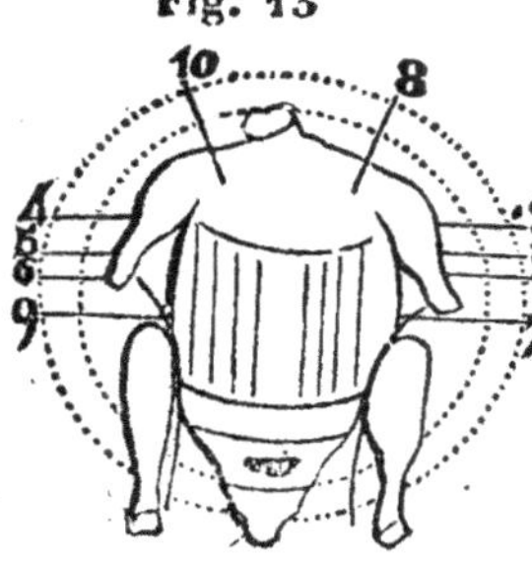

L'oie se tranche par filets, depuis le sommet de l'estomac jusqu'au croupion, en prenant aussi la chair des ailes ; il faut lever quatre filets de chaque côté, enlever le plus possible de chair sur les cuisses et autres parties charnues.

DU CANARD.

Le canard rôti se divise ainsi que l'oie, fig. 13.

Le canard bouilli se découpe par membres, sans lever les aiguillettes. Toutes les autres pièces de gibier ou volailles se dissèquent par les procédés susdésignés.

Fig. 14.

LE PIGEON.

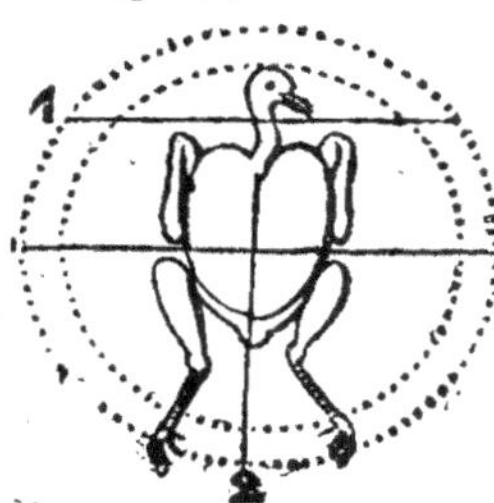

Le pigeon se divise ordinairement en quatre morceaux, ce qui fait que chaque partie porte un membre. Les plus estimés sont les morceaux où les cuisses sont adhérentes.

PERDRIX, BÉCASSE.

Fig. 15.

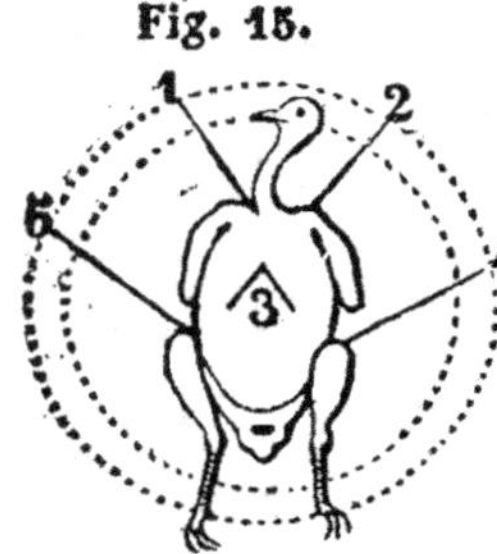

Fig. 16.

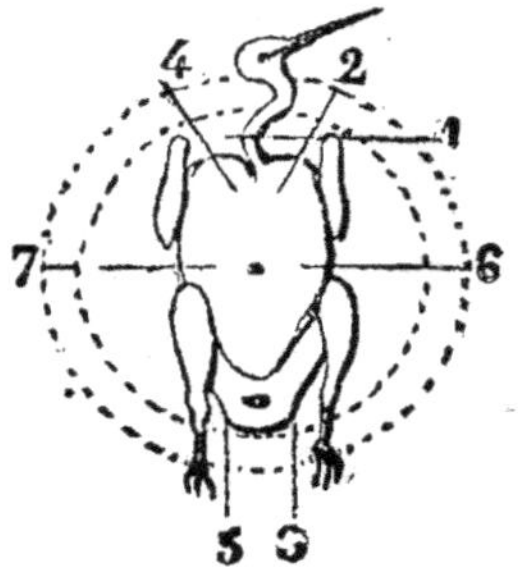

L'aile est le morceau le plus délicat de la perdrix. Les numéros de ces deux figures indiquent la manière de les dépecer.

DU POISSON (LE TURBOT).

Fig. 17.

Voyez la fig. 17, elle vous indiquera qu'il faut, pour bien diviser un turbot, tracer d'abord une ligne qui le partage en long jusqu'à l'arête ; ensuite, d'autres transversales, et lever avec la truelle les morceaux compris dans ces lignes. Lorsque le ventre est servi, levez l'arête et servez le dos. Les dames sont assez généralement friandes des barbes du turbot.

LA TRUITE.

Fig. 18.

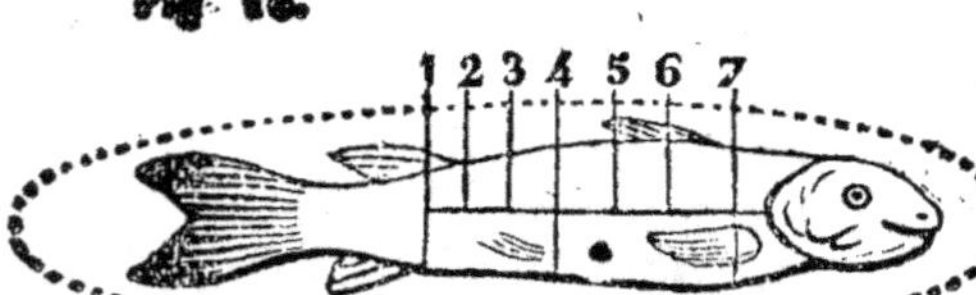

Tracez avec la truelle une ligne de 1 à 7, fig. 18, et ensuite les lignes transversales 2, 3, 4, 5, 6. Levez les morceaux compris dans ces carrés, et une fois ce côté servi, retournez votre truite, et faites la même opération à l'opposé.

LA CARPE.

Fig. 19.

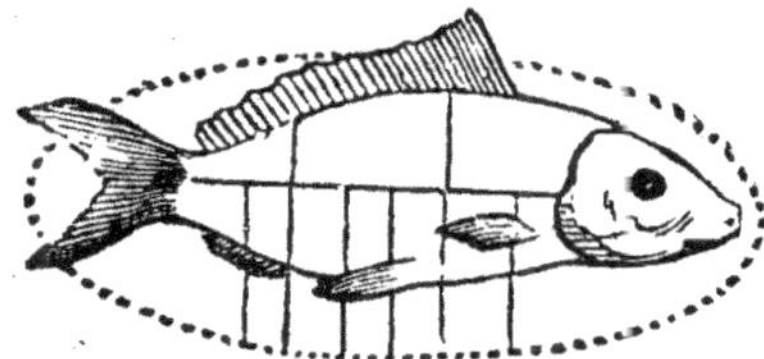

La langue de carpe est un morceau extra-renommé, aussi commence-t-on 1º par enlever la tête pour en enlever la langue et l'offrir au convive le plus distingué. Enlevez ensuite avec la truelle les écailles et la peau, en observant les divisions tracées sur la fig. 19.

LE BROCHET,

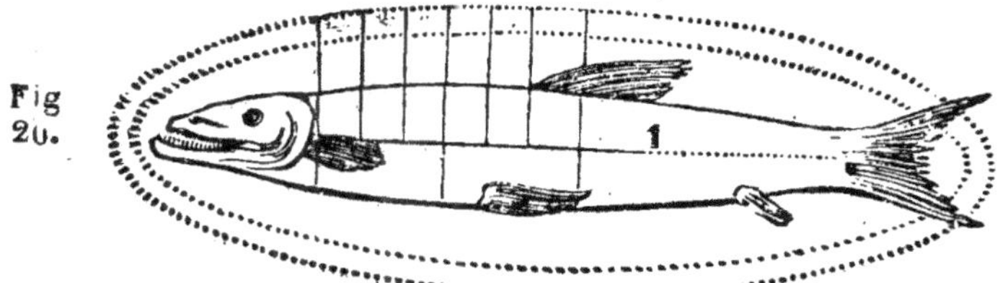

Coupez la tête d'un brochet comme à la carpe, et en observant les lignes tracées sur la fig. 20. Servez-le comme la truite.

LE BARBEAU.

Fig. 21.

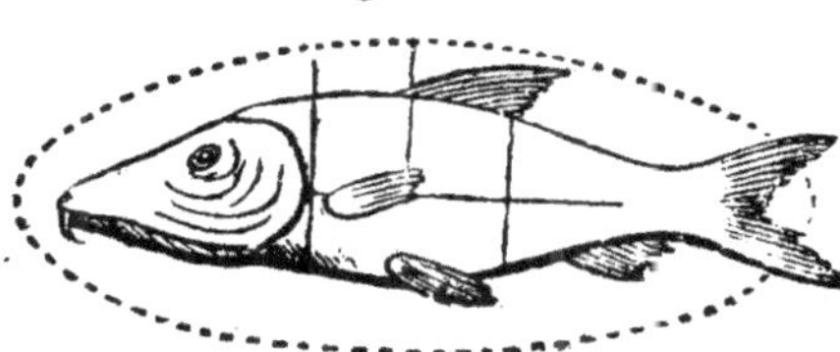

De la tête à la queue d'un barbeau, tirez une ligne droite, fig. 21, que vous coupez par d'autres en travers, alors vous servez les morceaux qui se trouvent séparés.

LA CUISINIÈRE HABILE.

POTAGES. — BOUILLONS.

Décoction de la chair des animaux et des végétaux ; il y a des bouillons gras et des bouillons maigres. Tout le monde sait qu'on en fait les soupes et les potages, qui sont sur toutes les tables au premier rang. Mais cette décoction, qui paraît si facile, peu de personnes savent la préparer, et il arrive quelquefois qu'une humble cuisine fournit d'excellent bouillon, tandis qu'on n'en trouve que de médiocre sur la table de personnes riches.

BOUILLON ORDINAIRE OU POT AU FEU.

Mettez dans un pot ou une marmite une pièce de bœuf (la culotte est la meilleure) proportionnée à la quantité de bouillon que vous voulez faire, et mouillez-la avec autant d'eau qu'il est nécessaire pour la bien couvrir. Faites bouillir et écumez ; puis ajoutez du sel, un petit oignon piqué de deux clous de girofle, deux carottes, un panais, un poireau, une tête de céleri et un bouquet de persil ; faites cuire modérément pendant quatre ou cinq heures.

On ajoute à la pièce de bœuf, pour les malades, une volaille et du veau ; on met aussi dans le pot les morceaux de mouton dont on ne peut faire d'autre usage, et l'on sert ces morceaux avec le bouilli, après les avoir fait griller, ou on les met à part sur une sauce piquante.

Ayez soin de dégraisser le bouillon et de le passer au tamis fin avant d'en faire usage. Le bouillon trop gras ou plein de débris cause de la répugnance.

Pour avoir de bon bouillon, les morceaux préférables sont *la tranche, le gîte à la noix, la culotte et le bas de l'aloyau ;* on peut, si on veut rendre son bouillon meilleur, y ajouter un abatis de volaille, des os de mouton rôti ou même une moitié de poule.

BOUILLON DE GRENOUILLE.

Prenez des grenouilles écorchées dont on a ôté le dedans, la tête et les cuisses et lavez-les promptement. Faites-les roussir légèrement dans du beurre ; mouillez avec de l'eau et faites cuire pendant un quart d'heure. Pendant qu'elles cuisent, mettez du beurre dans une casserole avec deux oignons, deux carottes et deux panais coupés en dés, et dès que l'oignon commence à roussir, ajoutez une petite poignée de farine, et faites prendre au tout une belle couleur cannelle ; mouillez et faites cuire pendant une demi-heure, puis passez dans une passoire à petits trous en exprimant fortement avec la cuillère à pot. Passez au tamis le bouillon de grenouilles, et, l'ayant mêlé avec le coulis d'oignons, assaisonnez le mélange de sel et de poivre ; ajoutez-y un bouquet de persil, deux têtes de céleri coupées en quartiers et faites ainsi doucement jusqu'au moment de servir, passez de nouveau dans un tamis clair au-dessus des croûtes de votre potage.

BOUILLON DE POISSON,

Faites roussir, comme dans l'article qui précède, des oignons, des carottes et des panais dans du beurre, et ensuite de la farine ; ajoutez des tronçons de petits poissons, comme brochets, carpes, perches et autres qu'on ne peut guère employer autrement, et faites-leur faire quelques tours avec le roux. Mouillez avec de l'eau et faites cuire pendant une demi-heure au moins avec un bouquet de persil, sel et poivre. Passez en exprimant au tamis légèrement.

BOUILLON D'OS.

Une livre d'os pilés donne un bouillon aussi substantiel que six livres de viande. Une livre d'os de jeunes animaux donne autant de gelée que douze livres de viande. Le bouillon d'os est préférable à celui de viande. C'est le bouillon du convalescent, et surtout du fébricitant : les os qui ont cuit avec la viande sont les meilleurs.

La confection du bouillon d'os ne diffère point de celle du bouillon de viande. On met les os pilés dans un pot de terre près du feu. ayant soin auparavant de les lier dans un nouet de linge propre pour qu'ils ne se mêlent pas avec les légumes ou l'écume; on les fait bouillir à petit feu; au bout de six à sept heures, on dégraisse le bouillon et on en fait un potage au pain, au riz ou au vermicelle.

Les os qui ont cuit avec la viande donnent environ deux onces de graisse par livre d'os. Il faut donc dégraisser le bouillon et garder cette graisse pour les ragoûts ou pour préparer les légumes.

La gelée exige une grande consommation de viande. La livre de la meilleure viande en donne au plus sept onces, tandis que ce poids d'os en donne deux livres et quatre si ce sont des os de jeunes animaux.

Les os que l'on donne ordinairement aux chiens de basse-cour sont donc d'une grande ressource et d'une grande économie pour le propriétaire rural, ainsi que pour le petit ménage, et, pour le broyage des os, l'on trouve aujourd'hui partout des mortiers spéciaux.

COULIS DE LENTILLES.

Prenez un demi-litre de lentilles, plus ou moins, suivant la grandeur de votre potage; il faut d'abord les éplucher et laver; faites-les ensuite cuire avec du bon bouillon; quand elles sont cuites, passez-les dans une étamine et assaisonnez votre coulis de bon goût. Les lentilles dites *à la reine* sont les meilleures pour toutes sortes de *coulis*.

JULIENNE AU GRAS.

Coupez en petits filets très-menus, savoir : carottes, navets, panais, poireaux, céleri, pommes de terre et oignons; hachez une laitue, de l'oseille et du cerfeuil, ensuite faites revenir vos herbes et vos racines dans de bon beurre frais, et mouillez avec votre bouillon.

Vous laissez, à petit feu, le tout se cuire parfaitement, puis vous versez votre potage dans la soupière :

vous pouvez y mettre du pain si vous le désirez. Dans la saison des petits pois et des asperges, vous rendrez votre potage plus agréable en y en ajoutant.

JULIENNE AU MAIGRE.

Ce potage se fait ainsi que le précédent en se servant d'eau ou de bouillon maigre (voyez ce mot) au lieu de bouillon gras, mais il faut y mettre beaucoup plus de beurre.

POTAGE AU NATUREL.

Coupez sur le dessus d'un pain les croûtes les mieux colorées, mettez-les dans votre soupière; ensuite faites bouillir fort votre marmite, et prenant le bouillon toujours à l'endroit où il bout, afin d'éviter la graisse, versez-en un peu sur votre pain : vous le couvrez pour le laisser tremper. Au moment de servir, vous remplissez votre soupière et présentez vos légumes dressés à part sur une assiette.

POTAGE AUX CHOUX.

Prenez la moitié d'un choux que vous faites blanchir avec un morceau de petit lard coupé en tranches, tenant à la couenne; ficelez le tout, chacun en son particulier; faites-les cuire à part dans une petite marmite avec le bouillon gras ordinaire. Quand votre choux et petit lard sont cuits, faites mitonner le potage avec de ce même bouillon et des croûtes de pain; servez les choux autour du potage avec le petit lard ou à la bourgeoise simplement par-dessus; ayez attention de saler très-peu le bouillon à cause du petit lard. Ceux de racines de navets se font de même; le céleri veut être blanchi plus longtemps.

POTAGE AU RIZ.

Prenez un quart de riz, plus ou moins, suivant la grandeur de votre potage, un quart pour quatre assiettes; lavez-le à l'eau tiède trois ou quatre fois en le frottant avec les mains; faites-le cuire à petit feu pendant trois heures avec de bon bouillon et du jus de veau; quand il est cuit, dégraissez-le, goûtez s'il est d'un bon sel, servez ni trop épais ni trop liquide.

RIZ AU LAIT.

Faites crever votre riz dans du lait, avec un peu de sel et du sucre, auquel on ajoute ordinairement des jaunes d'œufs et de la fleur d'oranger.

La proportion ordinaire est celle d'un quart de riz par litre de lait.

POTAGE AU VERMICELLE.

Mettez votre bouillon sur le feu; lorsqu'il bout, jetez-y le vermicelle après l'avoir froissé dans vos mains sans cependant le réduire trop mince; remuez votre potage jusqu'à qu'il recommence son ébullition, et lorsqu'il est cuit, vous le versez dans la soupière.

La semoule et les pâtes d'Italie se préparent de la même manière.

POTAGE DE CONCOMBRES.

Après les avoir coupés proprement, mettez-les cuire dans une petite marmite avec de bon bouillon et du jus de veau pour le colorer; quand ils sont cuits, mitonnez le potage avec leur bouillon, et de celui de la marmite à mitonge; assaisonnez le potage d'un bon sel et versez garni de concombres.

POTAGES AU MACARONI, AUX LAZAGNES.

Faites cuire ces diverses pâtes dans du bouillon en ayant bien soin de les remuer souvent pour qu'elles ne s'attachent pas soit ensemble, soit aux parois de votre marmite; quelquefois on ajoute dans l'un ou l'autre de ces potages du fromage, c'est d'ordinaire du gruyère ou du parmesan.

POTAGE AUX HERBES.

Metttez dans une petite marmite toutes sortes d'herbes épluchées et bien lavées avec un panais et une carotte coupés comme pour la julienne.

Les herbes convenables sont l'oseille, la laitue, le

cerfeuil, le pourpier, un peu de céleri coupé en filet; faites cuire le tout avec de bon bouillon, un peu de jus de veau; quand elles sont cuites et d'un bon sel, faites mitonner le potage et servez au naturel vos herbes dans la soupe sans faire de garniture.

Vous pouvez, si vous voulez, masquer vos potages de telle viande que vous voudrez, comme chapon, poularde, gros pigeon, perdrix, canard, jarrets de veau, etc.; la façon de les faire cuire est égale. Il faut à tous leur retrousser les pattes dans le corps, les faire blanchir un instant et ne les mettre cuire dans la marmite à votre potage que le temps qu'il faut pour la cuisson, parce qu'une bonne volaille qui est trop cuite n'est point estimée; pour la faire manger à son point de cuisson, il faut la tâter; quand elle fléchit un peu sous les doigts, elle est bonne à servir. Vous pouvez servir vos volailles au milieu des potages dans un plat ou pour hors-d'œuvre avec un peu de bouillon et gros sel par-dessus, suivant la volonté du maître. Ceux qui se servent de jus dans leurs potages doivent préférer celui de veau à celui de bœuf, le veau étant rafraîchissant et plus léger quand il est fait avec soin; peu d'oignons et attaché à très-petit feu, il n'est point contraire à la santé.

POTAGE PRINTANIER EN MAIGRE.

Mettez dans une marmite un litron de pois nouveaux, pourpier, laitue, oseille, trois ou quatre oignons, une pincée de persil, un morceau de beurre; faites bouillir le tout ensemble, et le passez après en purée claire; mitonnez le potage avec les trois quarts de ce bouillon et de ce qui vous reste; vous y délayez six jaunes d'œufs que vous faites lier sur le feu et les mettez dans votre potage, quand vous êtes prêt à servir, après avoir goûté s'il est d'un bon sel.

POTAGE A L'EAU POUR COLLATION.

Prenez une marmite d'environ trois litres, mettez

dedans un quartier de choux, quatre racines, deux panais, six oignons, un pied de céleri, une petite racine de persil, trois ou quatre navets; faites un paquet avec de l'oseille, poirée, cerfeuil, que vous ficelez bien ensemble, un demi-litron de pois que vous liez dans un linge blanc; faites bouillir tous ces légumes avec de l'eau pendant trois heures; passez ensuite ce bouillon dans un tamis, et mitonnez votre potage après avoir mis dans le bouillon le sel qu'il lui faut; vous garnirez le potage avec les légumes qui sont dans la marmite, si vous voulez; vous vous réglerez à mettre plus ou moins de légumes, suivant la quantité de bouillon dont vous aurez besoin.

POTAGE A LA CITROUILLE.

Suivant la grandeur du potage que vous voulez faire, vous prenez plus ou moins de citrouille ou portion pour un litre de lait; vous prendrez un quartier d'une moyennne citrouille, ôtez-en la peau et tout ce qui tient après les pépins; coupez la citrouille par petits morceaux et la mettez dans une marmite avec de l'eau, et faites cuire jusqu'à ce qu'elle soit réduite en marmelade, et qu'il ne reste plus d'eau; mettez-y un morceau de beurre gros comme un œuf, et un peu de sel; faites-lui faire encore quelques bouillons, ensuite vous ferez bouillir un litre de lait et y mettrez du sucre ce que vous jugerez à propos; versez votre lait dans la cirouille, prenez le plat que vous devrez servir, arrangez-y du pain tranché, mouillez-le avec de votre bouillon de citrouille, couvrez le plat et mettez-le sur un peu de cendre chaude pendant un quart d'heure, pour donner le temps au pain de tremper; faites attention qu'il ne bouille pas; en servant, vous y mettrez le restant de votre bouillon bien chaud.

POTAGE MAIGRE AUX OIGNONS.

Coupez en filets environ une douzaine de moyens

oignons; mettez-les dans une casserole avec un morceau de beurre, passez-les sur le feu en les retournant de temps en temps, jusqu'à ce qu'ils soient cuits et un peu colorés également; mouillez-les avec de l'eau ou du bouillon maigre si vous en avez; mettez-y du sel et du gros poivre; faites bouillir quelques bouillons, et ensuite vous y mettez du pain pour faire mitonner votre potage comme à l'ordinaire.

POTAGE AU LAIT.

Faites bouillir du lait, liez-le avec des jaunes d'œufs et versez cette préparation sur des croûtes de pain sur lesquelles vous aurez remis du sucre en poudre.

BOUILLON RAFRAICHISSANT.

Mettez dans une marmite une demi-livre de cou de mouton, autant de rouelle de veau, coupées en petits morceaux, et quatre litres d'eau. Après l'avoir écumé, vous y ajouterez une poignée de cerfeuil, une poignée de douce-amère, un peu de chicorée sauvage et deux petites laitues.

Toutes ces herbes doivent être coupées menues. Faites bouillir pendant trois heures à un feu doux, et passez au tamis : on n'y met que peu de sel.

PANADE.

Coupez du pain blanc par petits morceaux, faites-le bouillir dans une casserole ou petite marmite avec de l'eau, un peu de sel et du beurre frais; faites passer votre panade à travers une passoire; remettez-la dans la casserole, essayez qu'elle soit de bon goût, laissez bouillir encore 5 à 6 minutes; ajoutez-y alors une liaison de jaunes d'œufs, et servez de suite.

DU BŒUF.

Le bœuf est la base principale de toute bonne cuisine; plusieurs parties de son corps transformées en autant de mets sont d'un produit très-utile, ainsi qu'on peut le voir dans les articles suivants.

Fig. 22.

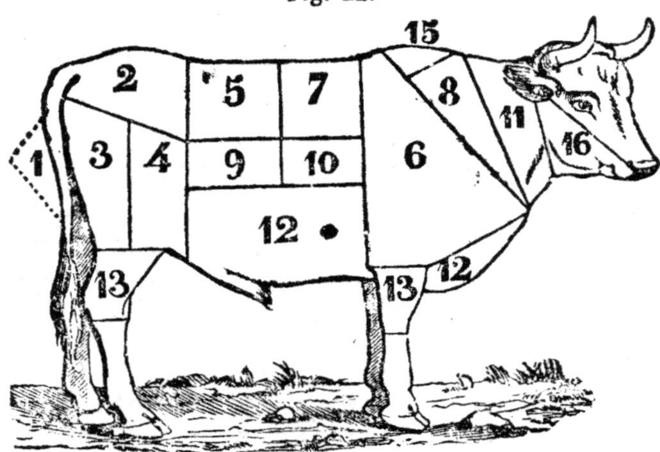

Les bouchers débitaient anciennement la viande au sort et par une espèce de divination; celui qui achetait avait les yeux bandés, et s'il devinait le nombre des doigts que le boucher élevait en l'air, il donnait le prix à la viande; et, s'il ne le devinait pas, c'était le boucher qui lui donnait le prix; cette forme de vente fut abolie par Appronjus, préfet de Rome, qui ordonna que la viande se vendrait au poids de la livre. (Le prés. BRISSON, *Select. antiq.*)

Depuis lors, les bouchers s'érigèrent en corporation, et ce commerce devint le monopole d'un petit nombre de privilégiés. Le 26 novembre 1855, une ordonnance de police fut rendue pour la taxation de la viande à Paris, et dans les principales villes de l'Empire ; les diverses parties des bœufs, veaux et moutons, furent classées par catégories, suivant leur plus ou moins de qualité, d'où furent exclus *les os décharnés*, ou ce que l'on appelle vulgairement *la réjouissance*, qui devaient faire l'objet d'une vente spéciale.

Enfin, en vertu d'une décision ministérielle complétant le décret impérial du 27 février 1858, le commerce de la boucherie fut déclaré libre et sans aucun privilége à partir du premier avril suivant. Voilà ce qui nous a décidé de placer ici les fig. 22 et 23, pour l'intelligence des ménagères dans le choix des morceaux de leur goût, ainsi que leurs qualités et position dans le corps de l'animal. Exemple : fig. 22· 1. Tende de tranche. 2. Culotte. 3. Gîte à la noix. 4. Tranche grasse. 5. Aloyau, entre-côte (partie intérieure). 6. Paleron. 7 Côtes. 8. Talon de collier. 9. Bavette d'aloyau. 10 Plats de côtes découvertes. 11. Collier. 12. Pis. 13. Gîte (plats de côtes couvertes sous l'épaule). 15. Surlonge. 16. Joues. 17. Queue.

Nota. Le filet, le faux filet, et le rognon de chair, doivent tenir la tête de cette nomenclature.

La fig. 23 que nous donnons à la page suivante présente l'intérieur du bœuf, dont voici les diverses parties. 1. Culotte. 2. Aloyau, filet. 3. Côtes couvertes. 4. Tranche du petit os. 5. Gîte à la noix. 6. Tranche. 7. Flanchet. 8. Poitrine. 9. Plates-côtes. 10. Côtes découvertes ou charbonnées. 11. Paleron ou épaule. 12. Collier. 13. Trumeau ou gîte. 14. Gîte. 15. Jarret.

ALOYAU DE BŒUF ROTI.

L'aloyau est une pièce de bœuf coupée le long du dos, ainsi que l'indique la fig 23. Il y a l'aloyau de la première, dé la seconde et de la troisième pièce. L'aloyau se mange ordinaire   nt rôti, v peu rouge.

parce qu'il est plus tendre et plus succulent. On le
mange encore à la braise, et on procède comme il suit:

ALOYAU BRAISÉ·

Prenez un aloyau de la première pièce où il y a le
plus de filets ; dégraissez-le bien et piquez-le de gros
lard, assaisonné de fines épices et fines herbes. Foncez une marmite de bardes de lard et de tranches de
bœuf maigre épaisses d'un doigt; mettez l'aloyau sur
ces tranches, le filet au-dessous; ajoutez plein une
cuillère à pot de bouillon, sel, poivre et gousse d'ail;
recouvrez de tranches de bœuf, puis de bardes de lard.
Fermez la marmite, garnissez le couvercle d'un cercle de grasse pâte, et faites cuire lentement, feu dessus
et dessous. Quand l'aloyau est cuit, dressez-le sur le
plat où il doit être servi, et jetez par-dessus un ragoût
de ris de veau, de foie gras, truffes, champignons ou
mousserons et lié d'un coulis de veau et de jambon.

Autre moyen plus simple.

Faites une sauce avec ce qui reste dans la marmite
en y ajoutant un peu de farine et de jus. Passez au
tamis, dégraissez, exprimez le jus de citron et servez
l'aloyau garni, si vous voulez, de côtelettes.

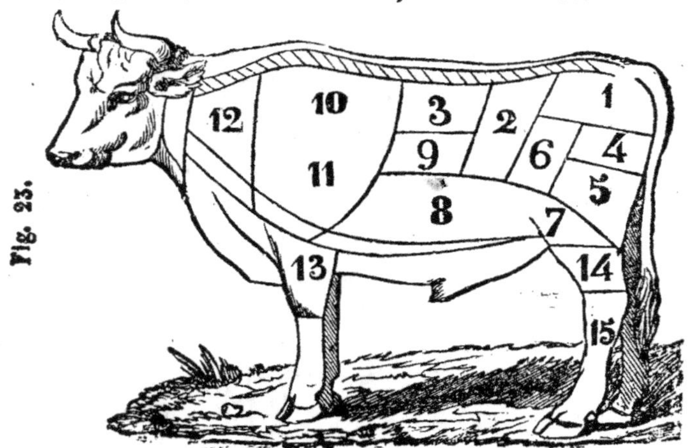

BIFTECK OU FILET DE BŒUF GRILLÉ.

Prenez un filet de bœuf un peu gras, battez-le, et, après l'avoir salé et poivré, faites-le griller sur un feu un peu vif, afin que le jus se concentre, et servez sur une sauce piquante ou une sauce tomate, ou un jus clair, ou même sans sauce. Entourez, si vous voulez, votre bifteck de pommes de terre sautées dans le beurre et de belle couleur.

On peut aussi préparer le *bifteck* avec des tranches de culotte de bœuf, de l'épaisseur d'un doigt, battues et assaisonnées comme il vient d'être dit pour le filet.

BŒUF A LA MODE

Prenez une pièce de la culotte, battez-la et lardez-la de gros lard ; assaisonnez votre pièce de sel et de poivre et mettez-la dans un pot avec une feuille de laurier et moitié d'une écorce de citron vert. Fermez bien votre pot et faites cuire lentement. Quand la pièce a rendu son jus, ajoutez y deux verres de vin blanc et autant de bouillon ; faites cuire doucement jusqu'à ce que la sauce soit un peu courte, et servez après y avoir exprimé le jus d'un citron.

BŒUF EN DAUBE.

Prenez, comme ci-dessus, une belle pièce de culotte de bœuf, battez-la, et, après l'avoir lardée de gros lard, mettez-la dans un grand pot ou une braisière avec un jarret de veau, trois bouteilles de vin blanc autant d'eau, une gousse d'ail, un gros bouquet de thym et de persil, du sel et une bonne pincée de poudre d'épices. Faites cuire à petit feu et également pendant quatre ou cinq heures. Quand elle est cuite, tirez-la et passez le bouillon ou mouillement au tamis dans une casserole que vous mettrez sur le feu pour le réduire en gelée. Pour que cette gelée soit bien claire, fouettez les blancs de deux œufs avec une cuillerée à pot de bouillon, et versez ces blancs fouettés dans une casserole. Fouettez encore le tout et faites bouillir pendant sept à huit minutes. Alors ajoutez le jus d'un citron, passez dans une serviette fine sans expression, et laissez refroidir. Quand la gelée est bien prise, coupez-la en gros morceaux avec une cuillère à ragoût et rangez les morceaux autour de la pièce de bœuf.

On peut donner à cette gélée une belle couleur vermeille en y mettant, un moment avant de la passer, un peu de cochenille en poudre.

COTE DE BŒUF EN FRICANDEAU.

Mettez dans une casserole une belle côte de bœuf piquée, avec du bouillon ou de l'eau mêlée avec un peu de jus, thym, persil, sel et poudre d'épices, et faites-la cuire jusqu'à ce qu'elle soit tendre ; passez votre mouillement au tamis et faites-le réduire en glace. Enduisez de cette glace le dessus de la côte ; passez des épinards blanchis, égouttés et hachés avec ce qui reste de glace dans la casserole ; ajoutez-y un peu de jus ou de bouillon, sel et poudre d'épices, et servez-les sous la côte glacée.

On peut préparer ainsi le filet ou un morceau de la culotte. Enfin, on fait cuire la côte de bœuf ou à la braise, ou au vin de Malaga, ou sur le gril, ou en fricandeau. Dans tous les cas, on approprie la côte comme une côtelette et on la bat pour l'amortir. Si on la met sur le gril, on la trempe dans du beurre tiède ou dans de l'huile, ou on l'assaisonne de sel et poudre d'épices, et on la fait griller à petit feu. On sert dessous du jus un peu réduit dans lequel on met un petit filet de vinaigre et de la ciboule hachée ou coupée très-menue.

CULOTTE DE BŒUF A LA CARDINALE.

Désossez à forfait une culotte de bœuf de dix à douze livres, coupez une livre de lard en lardons que

vous maniez avec de fines épices et du sel fin; lardez-en partout la pièce de bœuf sans toucher au-dessus qui est couvert; ensuite vous prenez un demi-quart de salpêtre pulvérisé, et en frottez la chair pour la rendre rouge; mettez la culotte dans une terrine avec une once de genièvre un peu concassé, trois feuilles de laurier, un peu de thym et basilic, une livre de sel; couvrez la terrine et y laissez la viande pendant huit jours; lorsqu'elle a pris sel, lavez-la avec de l'eau chaude, mettez quelques bardes de lard sur le dessus de la culotte, du côté qu'elle est couverte de de graisse, enveloppez-la dans un torchon blanc et la ficelez; faites-la cuire à petit feu, pendant cinq heures, avec un litre et demi de vin rouge, un litre d'eau, cinq ou six oignons, deux gousses d'ail, quatre ou cinq carottes, deux panais, une feuille de laurier, basilic, thym, quatre ou cinq clous de girofle, le quart d'une muscade, persil, ciboule : quand elle est cuite, vous l'ôtez du feu et la laissez refroidir dans sa cuisson jusqu'à ce qu'elle soit tout à fait froide. Vous pouvez faire la même chose avec un aloyau.

DE LA TRANCHE DE BŒUF.

La tranche sert à tirer du jus, à faire d'excellents potages, du bœuf à la royale que vous lardez de gros lard manié avec persil, ciboule, champignons, une pointe d'ail haché, sel, poivre; faites-le cuire à petit feu dans son jus; vous y pouvez ajouter plein une cuillère à bouche d'eau-de-vie quand il est cuit. Servez-le froid : l'on s'en sert aussi à garnir des braises.

FILET DE BŒUF ROTI.

Prenez votre filet dont les parures servent à faire du jus; battez-le et piquez-le proprement de menu lard. Faites rôtir à feu vif et servez un peu saignant sur une sauce piquante aux câpres, le côté lardé en dessous.

HACHIS DE BŒUF.

Hachez très-fin trois ou quatre oignons et les mettez dans une casserole avec un peu de beurre, passez-les sur le feu jusqu'à ce qu'ils soient presque cuits; mettez-y une bonne pincée de farine que vous remuez jusqu'à ce qu'elle soit d'une couleur dorée; mouillez avec du bouillon, un demi-verre de vin, sel, gros poivre, laissez bouillir jusqu'à ce que l'oignon soit cuit, et qu'il n'y ait plus de sauce; mettez-y du bœuf haché, faites-le bouillir pour qu'il prenne goût avec l'oignon : en servant, mettez-y une cuillerée de moutarde, ou un filet de vinaigre.

HOCHEPOT.

L'hochepot est un ragoût préparé avec du bœuf coupé en morceaux, des oignons, des carottes, des panais et même des marrons que l'on fait cuire ensemble avec les assaisonnements convenables et sur lesquels on verse, quand le tout est cuit et dressé, une sauce rousse assaisonnée de vinaigre et de persil haché.

On prend ordinairement pour faire ce ragoût le bas d'une poitrine de bœuf.

LANGUE DE BŒUF A LA BROCHE.

Faites cuire à petit feu dans une braise faite avec du bouillon ou de l'eau, sel, poudre d'épices, bouquet de persil, de thym et de ciboule. Etant à demi cuite, ôtez-en la peau et piquez-la de lard fin sur toute la face qui doit être vue quand elle sera servie; achevez de faire cuire à la broche. Servez sur la braise liée avec du coulis et passée au tamis, à laquelle vous ajoutez des câpres et un filet de vinaigre.

LANGUE DE BŒUF EN RAGOUT.

Faites cuire dans la marmite à bouillon, ce qui ne le gâtera pas, pelez-la et fendez-la en deux dans sa longueur, de manière que, les deux moitiés étant ouvertes, tiennent encore ensemble par les bouts et forment à peu près un cercle. Faites un roux avec du lard, un oignon et une carotte coupés en dés, auxquels vous ajoutez une bonne pincée de farine dès que le roux commence à paraître; mouillez avec de l'eau, ou mieux avec du bouillon, et faies bouillir pendant une demi-heure après y avoir mis un bouquet de persil, de ciboule et d'estragon, du sel et de la poudre d'épices; passez au tamis clair avec expression, et faites-y mijoter la langue pendant quelques minutes. Quand vous voudrez servir, ajoutez des câpres et un filet de vinaigre.

LANGUE DE BŒUF SALÉE ET FUMÉE.

Etant bien lavée et panée, couvrez-la de sel mêlé avec du salpêtre et du poivre; quand elle aura passé huit à dix jours dans ce mélange, passez-la dans un boyau de la même grosseur, sur lequel vous semez encore du sel; après huit autres jours, fumez-la à la fumée de bois et de grains de genièvre, et faites-la sécher à la cheminée pour la conserver. La langue de bœuf s'arrange aussi en *bressole* et en *hatelette*. (Voyez ces mots aux articles *Veau* et *Mouton*.)

MIROTON DE BŒUF.

Coupez votre bœuf par tranches minces et mettez ces tranches dans un plat; passez au beurre ou au lard un oignon, deux échalottes, persil et ciboulettes, le tout haché; ajoutez un peu de farine, sel, poudre d'épices et un verre de jus; faites cuire un moment, et, sur la fin, ajoutez encore une pincée de câpres fines, un anchois écrasé et une pointe de vinaigre. Versez cette sauce sur vos tranches et servez.

On apprête ainsi les langues de bœuf et de mouton.

Le *miroton* peut se servir au milieu d'une bordure de godiveau ou farce qu'on a mise autour du plat et qu'on a fait cuire au four ou sous un couvercle de tourtière.

Enfin, on fait des *mirotons* de poissons, en y adaptant des farces fines qu'on relève encore par des coulis d'écrevisses et des garnitures délicates.

PALAIS DE BŒUF A LA SAUCE PIQUANTE.

Le palais est une espèce de membrane ou tunique glanduleuse qui tapisse le dedans de la mâchoire supérieure du bœuf et d'autres animaux, dont on fait des mets très-délicats. On emploie rarement les palais de veau et de cochon. Faites cuire pendant quatre ou cinq heures trois palais de bœuf à l'eau, avec du sel et une gousse d'ail; ôtez les peaux en ratissant avec le couteau; coupez chaque palais en deux ou en trois, et, quand ils sont froids, faites-les mariner avec de l'huile, du sel, des fines herbes, une gousse d'ail et une échalotte hachées; panez-les et faites griller de belle couleur en les arrosant du reste de la marinade. Servez sur une sauce piquante.

PALAIS DE BŒUF EN MENUS DROITS.

Faites cuire à l'eau comme ci-dessus; ôtez les peaux et coupez en filets; faites un roux d'oignons et de farine rissolés dans du beurre, mouillés avec du bouillon et passés à la passoire fine avec expression. Mettez vos filets dans une casserole avec cette sauce, sel, poudre d'épices, pointe d'ail et des truffes coupées en tranches. Faites mijoter et prendre goût, et, quand ils sont au point de réduction convenable, ajoutez un peu de moutarde délayée dans une cuillerée de vinaigre, et servez.

PALAIS DE BŒUF AU BLANC.

Faites cuire à l'eau, ratissez les peaux et coupez en morceaux carrés. Fricassez-les ensuite comme des poulets, avec champignons ou mousserons, et servez ensuite avec des mies frites. (Voy. l'article *Poulet*.)

PALAIS DE BŒUF AU PARMESAN.

Étant cuits à l'eau et parés, coupez-les en filets, et passez-les au beurre avec des champignons et un peu de farine; mouillez avec du jus ou du bouillon et une cuillerée de coulis, si vous en avez. Faites mitonner, et, quand la sauce est réduite, mettez sur le fond d'un plat de parmesan ou du gruyère râpé avec quelques petits morceaux de beurre et vos palais par-dessus, recouvrez-les de la même râpure mêlée avec de la mie fine, et mettez çà et là d'autres morceaux de beurre. Faites prendre couleur au four ou le couvercle d'une tourtière. Servez.

PALAIS DE BŒUF EN RISSOLES.

Cuits à l'eau et parés, coupez-les en petits dés et mettez-les en fricassée de poulet avec de petits mousserons. La fricassée étant refroidie, garnissez-en des rissoles et faites frire de belle couleur. (Voy. *Rissoles*, au mot *Veau*.)

PALAIS DE BŒUF EN HATELETTES.

Cuits à l'eau et parés, coupez-les en carrés de trois centimètres avec autant de bardes de même grandeur; passez le tout au beurre, apprêtez en fricassée de poulet et laissez refroidir. Enfilez alternativement vos palais et vos bardes dans des hatelettes, de manière que chaque hatelette ne fasse qu'un carré dont rien ne déborde. Enduisez-les de la sauce de votre fricassée et panez-les de mies fines; faites griller de belle couleur et servez à sec.

PIÈCE DE BŒUF AU FOUR.

Faites-la cuire comme le bœuf à la mode ci-dessus, et dressez-la sur un plat; délayez quatre jaunes d'œuf avec la sauce de cette pièce, ou du jus, ou du coulis et un peu de poivre. Faites lier sur le feu et versez sur la pièce de bœuf. Panez de mie fine, parsemez de petits

morceaux de beurre, et faites prendre couleur au four
ou sous le couvercle d'une tourtière. Servez sur une
sauce tomate et avec des mies frites autour.

QUEUE DE BŒUF EN MATELOTTE.

Coupez en morceaux et faites blanchir dans l'eau
bouillante; retirez-les à l'eau fraîche pour les faire
cuire à moitié dans de l'eau ou du bouillon. Pendant
ce temps, passez au beurre trois oignons coupés en
dés, et quand ils commencent à roussir, mettez dans
la casserole une bonne pincée de farine. Le tout étant
de belle couleur cannelle, mouillez avec le bouillon
de la queue; faites bouillir pendant cinq à six minutes,
et passez au tamis clair avec expression; versez ce
roux sur vos morceaux, en y ajoutant un demi-litre
de vin blanc, sel, poudre d'épice, bouquet de persil
et de thym, une gousse d'ail et une feuille de laurier.
Faites cuire jusqu'à ce que la sauce soit au point convenable; dressez et servez vos morceaux entourés de
mies frites.

QUEUE DE BŒUF EN HOCHEPOT.

Pour faire un hochepot de queue de bœuf, vous la
coupez par morceaux; faites-la blanchir et cuire avec
bon bouillon, un bouquet garni, peu de sel : il faut
cinq heures de cuisson. A la moitié de la cuisson, vous
y mettez oignons, carottes, panais, navets, un peu de
choux, le tout blanchi et coupé proprement. Quand
le tout est cuit, retirez-le sur un linge et l'essuyez pour
qu'il ne reste point de graisse; arrangez ensuite les
légumes avec la viande dans une terrine propre à servir sur table; dégraissez la sauce où a cuit la viande;
mettez-y un peu de coulis, et faites réduire sur le feu,
si la sauce est trop longue; prenez garde qu'il n'y ait
point trop de sel, passez-la au tamis, et servez dessus
la viande et légumes; vous pouvez encore servir la

queue de la même façon, en ne mettant qu'une sorte de légume à la fois.

Vous pouvez aussi la servir sans légumes, et mettre à la place différentes sauces; mais il faut toujours que *la queue* soit cuite à la braise, que vous faites comme celle de la langue de bœuf.

ROGNONS DE BŒUF A LA BOURGEOISE.

Coupez-le par filets minces, faites-le passer sur le feu avec un morceau de beurre, sel, poivre, persil, ciboule, une pointe d'ail, le tout haché; quand il est cuit, vous y mettez un filet de vinaigre, un peu de coulis, et ne le laissez plus bouillir, crainte qu'il ne se recornisse.

Vous servez encore le rognon de bœuf cuit à la braise, avec une sauce piquante ou une sauce à l'échalotte.

TRUMEAU ET CHARBONNÉES.

Les charbonnées, quand elles sont tendres, se peuvent mettre sur le gril, avec persil, ciboule, champignons, le tout haché, sel, poivre, huile fine et panée avec de la mie de pain; pour le mieux, faites-les cuire à la braise que vous faites comme pour la langue de bœuf, et servez dessus différents ragoûts de légumes, comme vous le jugerez à propos; elles servent aussi à faire du bouillon. Le *trumeau* n'est bon qu'à faire du bouillon pour les personnes en santé.

Les autres parties du bœuf s'apprêtant ainsi que pour le veau ou les ragoûts, dont nous parlons plus loin, nous y renvoyons nos lecteurs pour ne pas faire ici un double emploi.

DU VEAU.

Le veau se prête à toutes les préparations et est d'une grande utilité en cuisine ; il fournit de quoi *diversifier une table*. Voici les parties dont nous faisons usage : DANS LA TÊTE, la cervelle, les yeux, les oreilles, la langue. *La fressure*, qui comprend le mou, le cœur et le foie ; la fraise, les pieds, le ris, la longe avec le cassis, la ruelle avec le jarret, l'épaule, le collet, la poitrine, le tendon, la queue, les filets, les rognons et la moelle dite amourette.

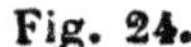

Fig. 24.

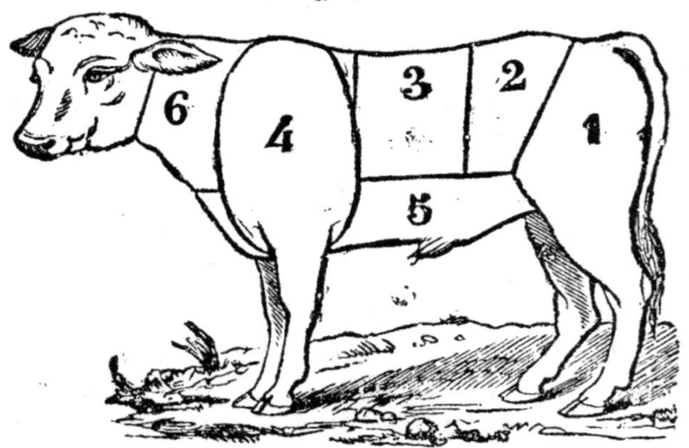

Cette figure donne le classement des différentes parties de l'animal d'après leur estimation dans le commerce de la boucherie. 1, les cuissots ; 2, les rognons et longes ; 3, le carré couvert ; 4, les épaules ; 5, la poitrine et les côtelettes découvertes ; enfin 6, le collet, morceau le plus inférieur en qualité.

Pour indiquer la position des parties susnommées dans le corps de l'animal, nous renvoyons nos lecteurs à la figure 25 : 1, le collet ; 2, l'épaule ; 3, tendons ; 4, cassis ; 5, ruelle ; 6, jarret ; 7, rognons ; 8 longe ; 9, côtelettes découvertes ; 10, poitrine ; 11 côtelettes.

Fig. 25.

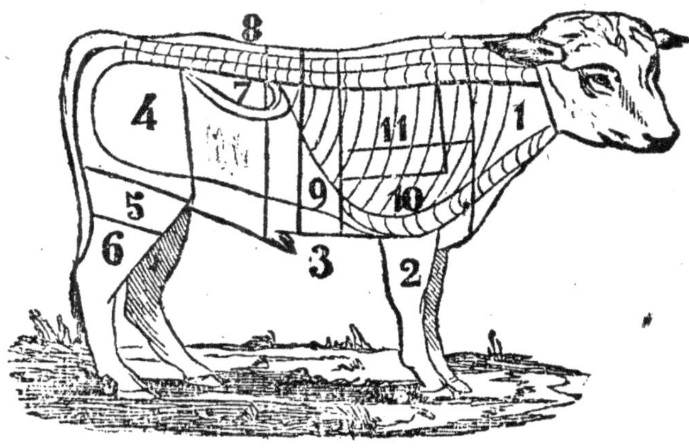

AMOURETTES.

Les *amourettes*, en termes de cuisine, se dit de la moelle des vertèbres du veau et du mouton; on ne fait guère usage que de celle du veau. On les coupe par morceaux de quatre pouces de longueur, on les poudre de farine, non les fait frire de manière qu'elles soient croquantes et moelleuses, et on les sert chaudement.

BLANQUETTE.

Du restant d'un carré de veau ou d'une longe, servi la veille, on fait ordinairement une blanquette qui se prépare ainsi. On taille en petits morceaux comme des pièces de dix centimes, ce qui reste du morceau, on fait clarifier et réduire deux cuillerées à pot de coulis blanc ou velouté, avec un peu de consommé; on lie avec trois jaunes d'œufs, et on ajoute un quarteron de beurre frais, plus ou moins, une pincée de persil blanchi et le jus d'un citron; jetez votre blanquette de veau dans cette sauce et servez chaud.

BREZOLLES DE VEAU.

Coupez en filets déliés une rouelle de veau; hachez

persil, ciboules, échalottes; mettez la moitié de ces herbes dans une casserole avec du beurre ou de l'huile fine, sel et poudre d'épices; arrangez par-dessus un lit de filets, puis un lit des herbes restantes avec un peu de beurre, encore un lit de filets, et couvrez ce dernier lot de bandes de lard et d'un papier blanc. La casserole étant couverte, faites cuire à petit feu, dessus et dessous, et à moitié de la cuisson, ajoutez un demi-verre de vin blanc. Quand les *brezolles* seront cuites, vous les dresserez sur le plat, et vous détacherez ce qui reste dans la casserole en y versant un demi-verre de bouillon, pour servir de sauce.

CARRÉ. (Voyez ce mot à *Mouton*.)

On l'emploie de diverses manières; on le coupe par côte; on ôte les os du bas et on laisse la côte; il se sert cuit sur le gril, comme les côtelettes de mouton.

DE LA CERVELLE DE VEAU.

La cervelle est la partie blanche, molle et spongieuse du cerveau. On mange les cervelles de bœufs, de veau, de mouton, d'agneau et de porc préparées de diverses manières.

CERVELLES FRITES.

Dégorgez et faites blanchir vos cervelles, coupez-les en plusieurs morceaux et faites-les mariner pendant deux heures avec sel, poivre et vinaigre. Enduisez-les ensuite dans des œufs battus, panez de mie de pain très-fine et faites-les frire de belle couleur. Servez garnies de persil frit.

CERVELLES EN FRICASSÉES DE POULET.

Dégorgez et faites blanchir, procédez ensuite comme pour la fricassée de poulet. (Voyez ce mot.)

CERVELLES EN MATELOTTE.

Faites un roux d'oignons coupés en dés et passés au beurre avec de la farine, comme pour la carpe à l'étuvée (voyez à l'article *Poisson*); mouillez de vin blanc et de bouillon en parties égales ; faites bouillir un moment et passez au tamis clair en exprimant légèrement; mettez-y vos cervelles avec sel, poudre d'épices, une pointe d'ail et des échalottes hachées. Faites cuire doucement, et sur la fin ajoutez un peu d'huile. Servez-les entourées de mies frites.

COTELETTES DE VEAU SUR LE GRIL.

Les côtelettes sont un mets commun et néanmoins recherché, quand on sait l'apprêter et le servir, ce qui est rare. Il faut d'abord les parer proprement, c'est-à-dire les couper, réduire la côte à sa juste longueur et la dégager par le bout d'environ un pouce, en ôter les nerfs et les os superflus, les aplatir avec le couperet et leur donner une forme agréable. Cette préparation est indispensable pour toutes sortes de *côtelettes*. Assaisonnez-les légèrement de sel fin et d'un peu de poivre; mettez-les sur le gril à un feu un peu vif, afin que le jus se concentre : il ne faut qu'un quart d'heure pour les cuire. Etant cuites des deux côtés et encore un peu rouges, servez à sec et sur un jus clair, réduit et mouillé d'un filet de vinaigre.

Avant de les mettre sur le gril, on peut les tremper dans l'huile et les paner; il faut alors que le feu soit moins ardent. Les côtelettes de veau ayant besoin d'être plus cuites que celles de mouton, on doit les faire cuire plus lentement.

COTELETTES DE VEAU EN PAPILLOTTES.

Trempez-les dans de l'huile, et passez-les avec de la mie fine mêlée de persil haché, sel et poudre d'épices; mettez de chaque côté une barde de lard de même grandeur et enveloppez chaque *côtelette* dans un papier blanc légèrement beurré ou huilé. Faites-les cuire lentement sur le gril ou dans la tourtière, et servez-les sans sauce.

COTELETTES DE VEAU EN FRICANDEAUX.

Piquez-les d'un côté avec du menu lard, suivant le fil de la viande, c'est-à-dire à lardons perdus, et faites-les cuire comme les fricandeaux. (Voyez ce mot.) Quand elles sont cuites et glacées, servez-les sur une sauce faite avec du bouillon et le reste de la glace, ou sur de l'oseille, des épinards, du céleri, de la chicorée.

COTELETTES AUX FINES HERBES.

Passez-les au beurre ou au lard sur le feu dans une casserole; mettez-y une pincée de farine; remuez et mouillez avec de l'ean et du bouillon : ajoutez bouquet de persil et de ciboules, une gousse d'ail, sel et poudre d'épices, et faites cuire à petit feu. Etant cuites et la sause réduite, passez-la au tamis clair, ajoutez-y de fines herbes hachées et pilées, savoir : persil, ciboules, cerfeuil, estragon et pimprenelles, et liez-la sans faire bouillir, avec deux jaunes d'œufs délayés avec un peu de cette sauce. Servez les *côtelettes* , la sauce par-dessus.

COTELETTES FRITES ET SAUTÉES.

On fait frire toutes sortes de *côtelettes* après les avoir doublement panées ou enduites avec du jaune d'œuf et de la mie fine. On les fait sauter en les mettant assaisonnées dans un sautoir avec du beurre tiède; on place le sautoir sur un feu ardent pendant sept à huit minutes. Quand les côtelettes sont fermes et cuites des deux côtés, on les glace si l'on veut, avec un bon morceau de glace qu'on substitue au beurre dans le sautoir; on les dresse en couronne et on les sert sur une sauce faite avec du jus lié et bien assaisonné. (Voyez *Sauté.*)

CUISSEAU ou CUISSOT.

Cuisse de sanglier, de chevreuil et de faon. Il ne se dit pas des cuisses des animaux domestiques; ainsi c'est improprement qu'on dit un *cuisseau de veau.*

ÉPAULE DE VEAU.

L'épaule est la partie ou membre antérieur du corps qui, dans les animaux quadrupèdes, tient à la poitrine et se joint à la jambe de devant. L'épaule de veau se sert ordinairement rôtie, *à la bourgeoise.* Mettez-la dans une terrine, avec un peu d'eau, vinaigre, épices, oignons coupés et beurre; couvrez et faites cuire.

DU FILET.

On nomme filet la partie charnue qui est le long de l'épine du dos de quelques quadrupèdes et de l'artère vertébrale de quelques poissons, et on ne lui donne ce nom que quand ces animaux sont mis en pièces pour notre nourriture. *Un filet de bœuf, de chevreuil; des filets de perche, de brochet, etc.* On dit que les viandes sont coupées en filets, quand on les a coupées suivant leur fil en morceaux longs et déliés, pour être employés à différents mets, suivant l'art du cuisinier. (Voir ce mot à l'article *Bœuf.*)

FRICANDEAU.

Levez la noix d'une cuisse de veau; faites en sorte que ce soit un veau femelle, afin que cette noix soit couverte de graisse appelée tétine; piquez-la dans le sens de la viande, avec de gros lardons de lard bien assaisonné; vous l'enveloppez de lard et la mettez dans une casserole avec toutes sortes de légumes et un bon bouquet; mouillez-la avec du bon consommé, et la faites bouillir pendant quatre heures; vous la dépouillez de son lard et la mettez ensuite dans une autre casserole, en dégraissant son fond et en le passant par-dessus avec un tamis de soie; vous le faites ainsi réduire sur un fourneau un peu vif, et lorsque cette réduction est un peu liée, vous la retournez de toutes les façons pour lui donner une couleur égale;

vous la servez sur de l'oseille ou de la chicorée à la crême.

On peut servir les fricandeaux ainsi apprêtés sur une farce d'oseille, d'épinards ou de chicorée, sur une purée de céleri, de carottes ou d'oignons.

Les farces d'herbes se préparent en les faisant cuire à l'eau, en les hachant et en les mêlant avec le reste de la glace; on y ajoute, autant qu'il est nécessaire, un peu de farine, de jus et d'assaisonnements. On tourne ce mélange sur le feu dans la casserolle d'où on a tiré le fricandeau, jusqu'à ce qu'il soit bien lié; on l'arrange sur le plat, et l'on pose doucement le fricandeau dessus. Les purées s'apprêtent et se servent de même, avec cette différence qu'au lieu de les hacher on les passe dans une passoire propre à cet effet.

On met en fricandeau les filets de veau, de mouton, de cochon, de chevreuil et de lièvre, les ris de veau, les ailes et les cuisses du dindon, les volailles entières, les poissons et leurs filets, les darnes de saumon, les tronçons d'anguilles, etc. Et quand on n'emploie ni jus ni bouillon pour les faire cuire, il est presque toujours nécessaire de se servir de jarrets ou de pieds de veau pour faire la glace, observant que, quand les fricandeaux sont cuits avant que le jarret soit défait, on doit laisser ce dernier plus longtemps dans la casserole. Mais pour éviter ces lenteurs, on se sert dans ce cas d'une glace apprêtée d'avance, dans laquelle on fait cuire les fricandeaux, en y ajoutant autant d'eau ou de bouillon qu'il est nécessaire. (V. *Glace*.)

DU FOIE.

On ne mange que les foies de veau, du cochon et du chevreuil; on recherche ceux de la volaille et du poisson, et l'on sait que l'on est parvenu à grossir et à engraisser le foie de l'oie au point de lui donner un volume décuple de celui qu'il a naturellement.

Tout le monde connaît les pâtés de foies d'oie de Strasbourg, qui joignent l'élégance à la délicatesse. C'est
aux dépens de l'oie, que son foie acquiert cet embonpoint; l'animal reste étique. Mais on peut, sans
barbarie, se procurer des foies qui approchent de
ceux-là, comme on le dira ci-après.

FOIE DE VEAU A LA BROCHE.

Piquez de lard fin et faites cuire à la broche à petit
feu. Servez sur une poivrade ou sur une sauce piquante. (Voyez l'article des sauces.)

FOIE DE VEAU EN RAGOUT.

Lardez de gros lard assaisonné de poivre et de fines
herbes hachées; mettez-le dans une casserole à couvercle sur des bardes de lard et faites suer doucement,
feu dessus et dessous. Quand il est à moitié cuit, versez-y deux verres de vin blanc et un verre de bouillon, et achevez la cuisson. Liez la sauce, sans faire
bouillir, avec deux jaunes d'œufs délayés avec du
coulis, et servez.

FOIE DE VEAU SAUTÉ.

Coupez en deux votre foie de veau suivant sa longueur, et puis chaque moitié en travers par morceaux
épais de quatre ou cinq lignes; arrondissez ces morceaux par un bout, et taillez-les un peu en pointe par
l'autre bout, de manière qu'ils représentent le profil
d'une poire. Assaisonnez-les de sel, poudre d'épices
et persil haché et mettez-les dans un sautoir avec
six onces de beurre tiède. Au moment de servir,
mettez ce sautoir sur un feu ardent, et quand vos
morceaux sont roides d'un côté, retournez-les de l'autre. Etant cuits, retirez-les du sautoir ainsi que le
beurre, mettez-y un verre de vin blanc et cinq à six
cuillerées d'espagnole. (Voy. article Sauce.) Faites
réduire un peu et passez au tamis clair sur vos morceaux de foie dressés en couronne.

Si vous n'avez pas d'espagnole, comme cela est probable, mettez une bonne cuilleré de farine dans le sautoir, et, après l'avoir délayée avec le beurre, vous la mouillez avec deux verres de vin blanc et un peu de jus ou de bouillon ; assaisonnez de sel et poudre d'épices ; faites réduire un moment, et versez au milieu de vos morceaux dressés en couronnes.

DE LA FRAISE.

Fraise est le nom qu'on donne dans les boucheriés et dans les cuisines au mésentère et aux boyaux du veau et de l'agneau.

FRAISE DE VEAU AU NATUREL.

Après l'avoir fait dégorger dans l'eau tiède, faites-la cuire dans une marmite avec de l'eau dans laquelle vous aurez délayé une poignée de farine; ajoutez sel, poivre, bouquet de persil et une gousse d'ail. Servez à courte sauce et avec du vinaigre.

FRESSURE DE VEAU.

Le mot *fressure* est un terme collectif par lequel on désigne plusieurs parties intérieures du corps de quelques animaux, savoir : le cœur, le foie, la rate, les poumons ou le mou. Après l'avoir fait dégorger dans l'eau fraîche et blanchir à l'eau bouillante, on la découpe en morceaux et on l'apprête en fricassée de poulets.

FRICANDEAU A L'ANGLAISE.

D'APRÈS LES CÉLÈBRES WOLLAMS ET COLLINGWOOD.

Coupez d'une cuisse de veau des tranches suffisamment épaisses et de 15 à 18 centimètres de long; enduisez-les d'un jaune d'œuf. Mettez-y du sel et du poivre et râpez dessus un peu de muscade, ajoutez un peu de persil haché. Laissez les tranches sur un plat de terre, et mettez-les devant le feu. Arrosez-les avec du beurre et laissez-les risscler. Alors retournez-les de l'autre côté ; enduisez-les comme la première fois et faites-les cuire de la même manière. Ensuite faites un bon jus roux avec des truffes, des morilles et des jaunes d'œufs durs que vous avez fait bouillir ensemble ; garnissez avec du citron et du persil, et servez.

HATELETTES DE RIS DE VEAU.

Même procédé que pour le palais de bœuf, sinon qu'on entremêle les ris de veau, de foies gras et de petites bardes de lard, de manière que le tout embroché dans les hatelettes et bien pané ne paraisss faire qu'un seul morceau long, carré et uni.

LANGUES DE VEAU A LA BROCHE.

Etant à demi cuites dans une braise, ôtez-en la peau, piquez-les de lard fin et passez une brochette dans le milieu pour les attacher à la grande broche. Faites cuire de belle couleur et servez-les sur une poivrade.

LANGUES DE VEAU FARCIES.

Faites-les blanchir à l'eau bouillante et pelez-les. Faites avec un couteau, suivant leur longueur, une fente que vous ouvrez avec le doigt pour y mettre une farce composée de blancs de volailles, de jambon cuit, graisse de bœuf, sel, poudre d'épices, mie de pain trempée dans la crême et trois jaunes d'œufs. Placez vos langues dans une tourtière sur des bardes de lard, l'ouverture de la fente en dessus, et faites cuire entre deux feux. Servez avec leurs bardes sur une sauce hachée ou avec un ragoût de ris de veau.

LANGUES DE VEAU EN HATELETTES.

Hatelette est, en termes de cuisine, un met qui tire son nom de petites broches avec lesquelles on le prépare et qu'on nomme aussi hatelettes. On fait des hatelettes avec des ris de veau, des foies gras, des langues de veau ou mouton, des huîtres et même des pigeons et des lapereaux. On les sert en hors-d'œuvres, on en garnit des entrées, des rôtis, etc.

DE LA LONGE DE VEAU.

La longe se sert pour grosse pièce de milieu. Faites-la cuire à la broche enveloppée de papier. Quand elle est bien cuite, servez dessous une poivrade, ou, pour le mieux, si vous voulez, piquez-la dessus de petit lard, servez avec la même sauce. Le casi se prépare de la même manière.

NOIX DE VEAU A LA BOURGEOISE.

Prenez la plus grosse avec sa tétine, enveloppez-la d'un linge blanc et battez-la avec le rouleau ou le couperet, pour l'attendrir. Piquez-la de gros lardons assaisonnés de sel, poudre d'épices et persil haché. Beurrez le fond d'une casserole ; mettez-y votre *noix* avec deux verres de bouillon ; couvrez-la d'un papier beurré et faites cuire pendant deux heures sur un feu doux, et avec un peu de feu sur le couvercle de la casserole. Tirez votre noix et glacez-la avec ce qui reste dans la casserole réduit en glace. Servez sur une sauce tomate ou sur une purée d'oseille. (V. *Sauce tomate.*)

OREILLES DE VEAU A LA BRAISE.

On n'apprête que les oreilles de veau et de cochon. Pour les oreilles à la braise, prenez sept oreilles de veau, et, après les avoir échaudées, nettoyées et blanchies, faites-les cuire à petit feu, couvertes de bardes de lard, dans une braise composée de bouillon, de vin blanc, la moitié d'un citron coupé en tranches et dont la peau est ôtée, un bouquet garni, peu de sel et de la poudre d'épices. Quand elles sont cuites, servez-les avec une sauce piquante et dressées sur leur base.

Etant cuites de cette manière, on peut les ouvrir et les farcir, et, après les avoir panées de mie fine, les faire cuire dans la tourtière sur des bardes de lard. Quand elles ont pris couleur, on les dresse sur leurs bardes et on les sert sur un jus clair rehaussé d'un jus de citron.

Les oreilles de veau braisées peuvent encore se servir avec un ragoût de champignons, de mousserons cuit dans du jus et lié avec deux jaunes d'œufs.

PAUPIETTES.

Se dit des morceaux de palais de bœuf ou des tranches de langue de bœuf, couvertes, d'un côté, d'une farce fine, ensuite roulées, puis enduites d'œufs battus et panées de mie fine, pour être cuites à la broche ou au four, ou dans une tourtière, ou pour être frites. On sent bien que ces morceaux ou tranches doivent être préalablement cuits, sinon dans une braise, au moins dans une eau salée. On sert dessous une sauce piquante.

On apprête à peu près de même des tranches de veau, coupées suivant le fil de la viande et aplaties au rouleau. On les assaisonne de sel, poudre d'épices et fines herbes hachées ; on les couvre chacune d'une barde de même grandeur, on les roule en cylindre, on les lie, on les pane et on les fait cuire à la broche ou dans la tourtière. On sert sur une sauce tomate ou sur une sauce piquante ; on les nomme alors *roulades*.

DES PIEDS.

On n'emploie guère en cuisine que les pieds de veau et ceux du cochon ; les pieds de mouton ne se prêtent ni à l'art du cuisinier, ni au goût des amateurs. On appelle *petits pieds* les perdrix, les cailles, les grives, les alouettes et autres petits oiseaux délicats.

PIEDS DE VEAU SUR LE GRIL.

Faites-les blanchir à l'eau bouillante, et, après les avoir fendus en deux dans leur longueur, faites-les cuire dans du vin blanc et de l'eau avec sel, poivre et bouquet de persil. Etant cuits et refroidis, trempez-les dans du lard fondu ou de la graisse, passez-les, faites griller de belle couleur, et servez-les à sec, accompagnés d'une rémoulade dans une saucière.

PIEDS DE VEAU FRITS.

Faites blanchir et cuire comme dans l'article précédent; coupez-les par moitié en long, et faites mariner avec sel, poivre, vinaigre, persil, ail et ciboules hachés. Egouttez-les, roulez dans la farine, faites frire de belle couleur, et servez garnis de persil frit.

POITRINE DE VEAU AU JUS D'OSEILLE.

Faites-la cuire comme celle en fricassée de poulets, dont on vient de parler. Lavez et pilez deux poignées d'oseille, et exprimez-en le jus dans un linge un peu fort, de manière que vous en ayez un bon demi-verre; délayez dans ce jus trois jaunes d'œufs pour servir de liaison à votre fricassée quand elle est réduite à courte sauce; liez sans faire bouillir et servez.

POITRINE DE VEAU A LA PURÉE DE LENTILLES OU DE POIS.

Coupez en morceaux carrés de la longueur du doigt; faites dégorger et blanchir; mettez ces morceaux dans une casserole avec de l'eau ou du bouillon, du sel, de la poudre d'épices et un bouquet de persil. Pendant que votre fricassée cuit, faites une purée de lentilles ou de pois (voyez ces mots), mais à laquelle vous donnerez plus de corps en la mouillant avec la sauce des tendrons. Si la purée se trouve trop claire, faites-la réduire sur le feu au point convenable, et servez sur les tendrons.

La poitrine en fricassée au roux se fricasse ainsi que les pigeons. (Voyez ce mot.)

POITRINE DE VEAU FARCIÉ ET ROTIE.

Prenez une poitrine avec sa peau; mettez sous cette peau une farce faite avec du veau, du lard et du persil, le tout haché, assaisonné de sel et de poudre d'épices, et lié avec deux œufs entiers délayés avec un peu de crême. Faites cuire à la broche et servez sur une sauce piquante ou sur une sauce tomate. (Voyez Sauce.)

POITRINE DE VEAU EN FRICASSÉE DE POULETS.

Coupez en morceaux longs comme le doigt; faites dégorger à l'eau froide et ensuite blanchir dans l'eau bouillante; passez sur le feu avec un morceau de beurre et une pincée de farine; mouillez d'eau ou de bouillon; ajoutez sel, poudre d'épices, bouquet de persil, champignons ou mousserons. Etant cuite à sauce un peu courte, liez avec deux jaunes d'œufs et de la crême délayés ensemble. Servez avec un filet de verjus ou le jus d'un citron.

QUEUES DE VEAU GRILLÉES OU DANS LA TOURTIÈRE.

Prenez trois queues de veau, coupez-les en deux et faites-les blanchir à l'eau bouillante. Mettez-les ensuite dans une petite marmite avec de l'eau et du bouillon un peu gras, bouquet de persil et de thym, une gousse d'ail, une feuille de laurier, sel et poudre d'épices. Faites cuire à courte sauce; passez cette sauce au tamis clair avec sa graisse, et liez-la sur le feu avec une bonne pincée de farine; ajoutez-y trois jaunes d'œufs délayés et remuez jusqu'à ce qu'elle soit épaisse sans la faire bouillir; trempez-y les queues et panez-les à mesure de mie fine; mettez-les dans un plat sous un couvercle de tourtière, entre deux feux; quand elles sont de belle couleur, servez-les avec une sauce piquante.

RIS DE VEAU.

Le ris est une glandule qui est sous la gorge du veau et dont on fait des mets fort délicats. Pour les faire au blanc, après les avoir fait dégorger dans de l'eau tiède, faites-les blanchir pendant cinq à six minutes dans l'eau bouillante; passez-les ensuite au beurre et finissez comme une fricassée de poulets.

RIS DE VEAU EN FRICANDEAU.

Dégorgés et blanchis comme ci-dessus, piquez-les du beau côté de lard fin à lardons perdus, c'est-à-dire fichés perpendiculairement et ne sortant que par un bout, parce que les ris n'ont pas asssez de consistance pour être piqués comme les autres viandes. Faites cuire et glacez comme les fricandeaux. Observez qu'il ne faut que trois quarts d'heure pour les cuire, et qu'il est nécessaire par conséquent de les retirer de la casserole pendant la confection de la glace.

RIS DE VEAU AUX FINES HERBES.

Faites dégorger et blanchir comme il est dit ; piquez de lard fin et arrangez-les dans une tourtière, chacun sur une barde de lard. Faites cuire entre deux feux. Mettez dans une casserole un bon verre de bouillon et deux verres de vin blanc ; faites bouillir et réduire à moitié ; ajoutez ensuite une échalotte, de l'estragon, du persil, de la ciboule, du cerfeuil, une demi-gousse d'ail, le tout haché très-fin, et un morceau de beurre manié de farine ; faites bouillir un moment et versez dans le plat, où vous placerez ensuite les ris de veau sur leurs bardes. Vous pouvez aussi les servir sur une sauce tomate.

RIS DE VEAU A LA BROCHE.

Dégorgés, blanchis et piqués, passez-les dans une brochette que vous attachez à la grande broche ; faites rôtir de belle couleur, et servez sur les sauces de l'article précédent.

RIS DE VEAU FRITS.

Dégorgés, blanchis, coupez-les en quatre et faites-les mariner avec sel, poivre, persil haché et jus de citron pendant deux heures. Coupez-les et trempez-les dans une pâte claire, pour les faire frire dans du saindoux bien chaud. Servez de belle couleur garnis de persil frit.

DU ROGNON.

L'on donne le nom de rognons à deux corps glanduleux, de figure ovoïde, placés au-dessous de la rate et du foie, séparés l'un de l'autre par l'élévation que forme en cet endroit la colonne vertébrale. C'est ce qu'on appelle proprement les *reins* ; mais ils prennent le nom de *rognons* quand on les considère dans les animaux destinés à notre nourriture.

Le rognon de veau se sert rôti avec la longe. Quand il est desservi, on en fait des omelettes ou des rôties.

ROUELLE DE VEAU.

C'est une partie de la cuisse du veau coupée en travers, et qui par-là est à peu près de figure ronde. Pour l'accommoder à la sauce tomate, prenez une rouelle épaisse de trois doigts ; piquez-la à lardons perdus ; mettez-la dans une tourtière sur des bardes de lard, et faites cuire lentement entre deux feux. Faites cuire dans du bouillon trois ou quatre tomates, et passez-les au tamis clair avec expression. Dressez la rouelle sur ses bardes et versez la sauce tomate dans la tourtière pour en détacher, sur un feu un peu vif, le jus rendu par la rouelle ; assaisonnez de sel et poudre d'épices, passez encore au tamis, et versez à côté de la rouelle.

ROUELLE DE VEAU EN FRICANDEAU.

Piquez comme ci-dessus, et faites cuire en fricandeau. (Voyez ce mot.) Si on ne veut pas la piquer, il faut la larder de gros lard.

ROUELLE DE VEAU SAUCE PIQUANTE.

Lardez-la de gros lard assaisonné de poudre d'épices et de persil haché. Parez-la de mie fine sur laquelle vous mettez çà et là quelques petits morceaux de beurre. Placez la rouelle dans la tourtière sur des bardes de lard ; faites cuire lentement entre deux feux et ensuite sur un feu plus vif. Dressez-la sur ses bardes, et versez dans la tourtière un peu de bouillon pour en détacher le jus ; assaisonnez de sel et de poudre d'épices, passez au tamis, ajoutez une échalotte hachée et le jus d'un citron. Servez sous la rouelle.

TÊTE DE VEAU.

La tête de veau est la seule que l'on serve sur les tables. On donne le nom de *hure* aux têtes détachées du cochon, du sanglier, du saumon et du brochet. Pour préparer une tête de veau ordinaire, ôtez-en les mâchoires et faites-là dégorger pendant vingt-quatre heures. Faites blanchir et bouillir dans une marmite de l'eau avec une poignée de farine : placez-y la tête de veau et assaisonnez de sel et poudre d'épices, d'un gros bouquet de persil et de thym et de deux gousses d'ail. Faites bouillir, et quand la tête est cuite, découvrez la cervelle et servez avec une poivrade ou simplement avec du vinaigre aux fines herbes assaisonné de sel et gros poivre, de persil et d'échalottes hachés.

TÊTE DE VEAU FARCIE.

Prenez une tête de veau avec sa peau bien échaudée et bien blanche ; ouvrez cette peau sous la tête et enlevez-la sans la couper ; désossez ensuite la tête et ôtez-en la langue, la cervelle, les yeux et les bajoues ; faites une farce avec de la cervelle, de la rouelle de veau et de la graisse de bœuf, le tout haché très-fin et assaisonné de sel, poudre d'épices, persil, ciboules, gousse d'ail et échalottes ; mettez dans cette farce une cuillerée d'esprit de vin, trois jaunes d'œuf et trois blancs bien fouettés. Placez, dans une forme à hure, un linge blanc sur lequel vous répandez quelques branches de thym et des feuilles de laurier ; mettez la peau dessus et remplissez-la de votre farce entremêlée de la langue, des yeux et des bajoues coupés en filets ; mettez-y des truffes fraîches si vous en avez, repliez la peau sur cette composition et cousez-la ; repliez ensuite le linge et cousez-le ; enlevez la tête de son moule et ficelez-la. Placez-la dans une braisière à sa grandeur et faites-la cuire à petit feu pendant trois heures dans un court-bouillon où elle baigne en entier, et composé d'une partie de vin blanc et de deux parties d'eau avec sel, poivre, bouquet de persil et gousse d'ail. Etant cuite, remettez-la dans la forme pendant une demi-heure, puis enlevez la ficelle et le linge et dressez-la sur un plat assorti. Pendant qu'elle est dans la forme, passez le court-bouillon au tamis, prenez-en une partie pour la faire réduire, et y ayant ajouté un peu de coulis et un filet de vinaigre, servez sous la tête.

On peut la servir froide. Pour lors vous la laissez refroidir dans son court-bouillon, vous la mettez ensuite dans la forme pendant deux ou trois heures ; après l'avoir dégagée de la ficelle et du linge qui l'enveloppent, vous la servez sur une serviette pliée, garnie de persil vert.

DU COULIS.

Le coulis est le suc extrait des viandes, des poissons et des végétaux consommés par la cuisson, et lié ou épaissi avec un intermède convenable, comme farine, mie de pain, purée fine, etc. Les coulis s'emploient dans les sauces pour leur donner plus de consistance et de goût, et servent de sauces eux mêmes.

On ferait un gros volume si l'on voulait rapporter tout ce qui a été dit sur les coulis, les quintessences, les consommés, les espagnoles, et en un mot sur les sucs animaux et végétaux à l'usage de la cuisine.

Nos cuisiniers semblent s'être évertués à l'envi dans cette partie de leur art pour imaginer les choses les plus savantes et surtout les plus dispendieuses. Les

maîtres de maisons les plus riches seraient bientôt
ruinés s'ils confiaient leur cuisine à des artistes qui auraient la manie d'exceller dans ce genre, pour lequel
les extraits de jambon, de volaille, de bécasse et de
perdrix ne sont pas encore assez bons. On est parvenu
à faire des extraits d'extraits, et la science des réduc-
tions met dans une cuillère la substance de cinq à six
perdrix. Mais l'artiste qui a le véritable esprit de son
art sait l'exercer à moins de frais, et c'est dans l'emploi des viandes et des assaisonnements les plus ordinaires qu'il fait briller son talent. Nous nous borne-
rons donc à indiquer succinctement les procédés les plus
faciles et les plus expéditifs pour la confection des coulis ; on pourra aussi, avec un peu d'intelligence, y
mettre plus de recherche, et même approcher des
plus grands maîtres sans faire la même dépense.

COULIS ROUX EN MAIGRE.

Coupez en dés quatre ou cinq oignons moyens et
deux carottes, passez-les au beurre jusqu'à ce qu'ils
aient une belle couleur cannelle ; mouillez avec du
bouillon maigre ; ajoutez des croûtes de pain, un
bouquet de persil, sel et poudre d'épices ; faites mitonner pendant trois quarts d'heure ou une heure, et
passez au tamis clair avec expression.

On voit que ce coulis peut, avec un léger changement, servir en gras ; il ne faut que substituer du
lard au beurre et du bouillon gras au bouillon maigre.
On ne peut rien de plus simple. Enfin on peut
convertir le jus clair en coulis.

COULIS ROUX.

Prenez deux livres de veau et une demi-livre de jambon ; coupez-les par tranches et mettez-les dans une
casserole sur quelques morceaux de lard, deux gros
oignons et une grosse carotte coupés en petits dés ;
couvrez la casserole et faites suer sur le fourneau, jusqu'à ce que le mélange soit attaché et de belle couleur ; mettez-y une bonne pincée de farine et remuez

jusqu'à ce qu'elle soit colorée aussi; alors mouillez de jus de bouillon et d'eau dans la proportion qui vous sera commandée par le besoin et le goût; ajoutez une croûte, des champignons ou mousserons, truffes fraîches, bouquet de persil et de ciboules, sel et poudre d'épices. Faites cuire doucement; retirez la viande et passez au tamis clair en exprimant légèrement.

Voilà ce que le cuisinier anglais appelle un coulis exquis; mais on sait qu'on donnerait plus de relief à ce *coulis*, si, avant de le passer, on ajoutait du blanc de volaille ou de perdrix cuite à la broche, après l'avoir pilé dans un mortier en marbre. On sent aussi qu'on peut en retrancher, sans beaucoup l'affaiblir, les truffes fraîches et les champignons. Je le répète c'est au cuisinier intelligent à modifier les recettes suivant le goût et les circonstances.

D'autres *coulis* seront décrits dans l'article *Mouton.*

CONSOMMÉ.

Un consommé n'est autre chose qu'un excellent bouillon, qu'on a rendu fort succulent en le faisant bouillir très-longtemps aux dépens de la viande qui perd alors toute sa consistance et sa saveur pour fortifier le bouillon. D'après ces principes on voit qu'il est facile de réduire en consommé des bouillons de toute espèce. Lorsque votre consommé sera assez cuit, vous le passerez à travers une serviette fine en exprimant le jus des viandes, qui ne pourront plus être servies. Si vous trouvez que votre consommé soit trouble, et que vous vouliez le clarifier, il faudra le remettre sur le feu et quand il bout y jeter quelques blancs d'œufs fouettés, après quoi vous le passerez encore à travers la serviette ou au tamis de soie; il sera parfaitement clair et limpide.

DU MOUTON.

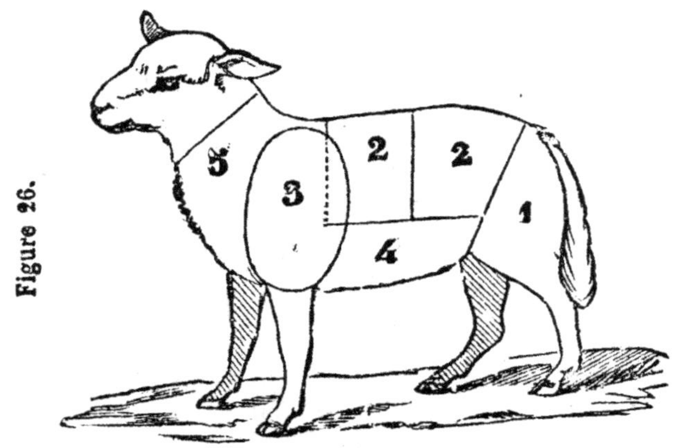

Figure 26.

Le mouton est meilleur en hiver qu'en été, parce que, pendant les chaleurs, il est sujet à se gâter. On sait sous combien de formes il paraît sur nos tables, et plus loin nous en expliquerons les différentes préparations. La figure 26 indique les parties externes du mouton, suivant la gradation de qualité, afin de diriger le choix des consommateurs. 1, le gigot; 2, les carrés. 3, les épaules. 4, la poitrine; enfin 5, collet et les débris de côtelettes réputés comme bassses viandes.

La fig. 27 représente les parties internes du mouton non mentionnées dans la figure précédente et qu'il est d'urgence qu'une bonne ménagère connaisse.

1, le filet; 2, le carré; 3, le collet; 4, l'épaule; 5, la poitrine; 6, les côtelettes; 7, le flanchet; 8, le gigot. En étudiant un peu la figure ci-dessus, l'on apprendra promptement à reconnaître à première vue où telle et telle partie se trouve placée dans l'animal.

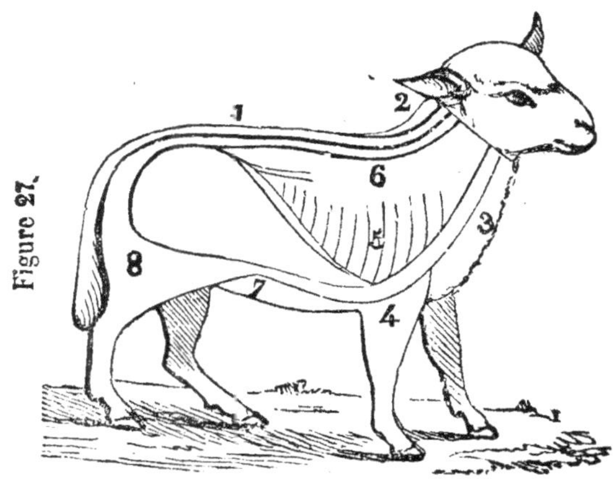

ANIMELLES DE MOUTON.

L'on nomme ainsi les parties génitales du bélier. On les mange frites. Otez-en la peau et coupez-les en quatre ou six morceaux; faites une pâte claire avec de la farine, du vin blanc, du sel et un peu d'huile; faites frire les animelles à moitié et trempez-les dans cette pâte pour les remettre dans la friture. Etant de belle couleur, servez-les garnies de persil frit.

CARRÉ DE MOUTON.

On le met sur le gril, coupé en côtelettes; on trempe auparavant ces côtelettes bien panées dans du beurre frais fondu, sel et poivre; on les pane de mie de pain et on les fait cuire sur le gril; pendant qu'elles cuisent, on les arrose avec un peu de beurre, afin qu'elles ne soient pas sèches; quand elles sont cuites, on les sert avec du jus clair ou une sauce piquante.

CERVELLES DE MOUTON.

Elles se préparent et s'arrangent comme celles de veau. (Voyez *Veau*.)

COTELETTES.

On donne ce nom aux côtes de mouton, de veau, de

cochon et d'agneau, lorsqu'elles sont séparées les unes des autres.

Les *côtelettes* sont un mets commun, et néanmoins recherché quand on sait l'apprêter et le servir, ce qui est rare. Il faut d'abord les parer proprement, c'est-à-dire les couper, réduire la côte à sa juste longueur et la dégager par le bout d'environ un pouce, en ôter les nerfs et les os superflus, les aplatir avec le couperet et leur donner une forme agréable. Cette préparation est indispensable pour toutes sortes de *côtelettes*.

COTELETTES DE MOUTON GRILLÉES.

Préparez comme on vient de le dire, assaisonnez-les légèrement de sel fin et d'un peu de poivre; mettez-les sur le gril à un feu un peu vif, afin que le jus se concentre. Il ne faut qu'un quart d'heure pour les cuire. Etant cuites des deux côtés et encore un peu rouges, servez à sec sur un jus clair réduit et mouillé d'un filet de vinaigre.

Avant de les mettre sur le gril, on peut les tremper dans l'huile et les paner; il faut alors que le feu soit un peu moins ardent.

COTELETTES DE MOUTON A LA PURÉE D'OIGNONS.

Coupez en dés dix ou douze gros oignons et mettez-les dans une casserole avec du beurre et un peu d'eau; faites-les cuire sans qu'ils soient roux, et passez-les dans une passoire; remettez la purée qui en provient dans la casserole avec sel, poudre d'épices, un peu de farine et cinq ou six cuillerées de crème épaisse; chauffez et remuez avec la spatule jusqu'à ce que vos oignons aient la consistance d'une purée épaisse, et servez cette purée sous vos côtelettes, après les avoir fait cuire sur le gril sans les paner.

Vous pouvez aussi les faire cuire dans la tourtière sur

des bardes de lard, piquées ou non piquées, et enduites en dessus de beurre tiède.

COTELETTES DE MOUTON EN ROBE DE CHAMBRE.

Vos côtelettes étant cuites dans du bouillon et
glacées avec ce bouillon réduit en glace, enveloppez-
les d'une farce faite avec une rouelle de veau, de la
graisse de bœuf, des champignons, du sel, de la
poudre d'épices et deux œufs crus entiers; passez-
les et faites-les cuire dans une tourtière sur des bardes de lard; étant cuites et de belle couleur, servez-
les sur ces bardes avec une sauce claire.

COTELETTES DE MOUTON FARCIES.

Prenez un carré de mouton avec toutes ses *côtelettes*, et faites-le cuire à demi dans l'eau ou mieux
dans du bouillon. Dépouillez la chair, dont vous ôterez les nerfs et les peaux; hachez-la avec du lard blanchi ou de la graisse de bœuf, persil, ciboule, champignons ou mousserons, sel et poudre d'épices. Pilez
ensuite dans un mortier avec de la mie de pain trempée dans de la crême; rejetez les peaux et les nerfs
qui peuvent être restés, et liez la farce avec trois jaunes d'œufs; divisez-la en autant de parties que vous
voulez avoir de *côtelettes*; figurez ces *côtelettes*
en appliquant la farce sur chacune des côtes que
vous avez réservées, n'en laissant passer qu'un bout
d'environ un pouce; mettez chaque *côtelette* sur une
barde de pareille grandeur; passez de mie fine et arrosez d'un peu de beurre tiède; faites cuire dans une
tourtière, et servez pour hors-d'œuvre ou autour du
bouilli.

Ces *côtelettes* peuvent se servir à sec ou sur une
sauce claire ou sur une purée d'oignons. (Voyez les articles précédents.)

ÉPAULES DE MOUTON.

L'*épaule* se sert cuite à la broche avec une sauce claire aux ciboules ou à l'échalotte, ou sur une farce de chicorée ou de laitue. Ou bien on la fait cuire dans une braise bien assaisonnée, on l'enduit d'une sauce épaisse liée avec des jaunes d'œufs, on la pane, on l'arrose légèrement avec le gras de la braise, on lui fait prendre couleur au four ou dans la tourtière, et on la sert sur une sauce à l'échalotte, ou simplement sur du jus assaisonné de gros poivre.

On peut faire aussi des émincées avec les épaules de veau et de mouton cuites à la broche, et elles se préparent comme la blanquette de dindon. (Voyez ce mot.)

DU GIGOT DE MOUTON.

On nomme gigot la cuisse du mouton coupée pour être mangée ; on l'appelle aussi *éclanche*. Pour faire cuire un gigot à la broche, on le bat avec le rouleau, on le fait cuire sans l'arroser et on le sert un peu rouge. On peut mettre dessous une farce d'épices ou de chicorée, ou des pommes de terre sautées ou cuites avec sa graisse dans la tourtière.

DU GIGOT PIQUÉ A LA BROCHE.

Après l'avoir battu, ôtez-en la peau et piquez-le de lard fin sur toute la surface qui doit être vue. Faites-le mariner pendant douze heures dans du vin blanc, avec sel, poudre d'épices, feuilles de laurier et fines herbes ; mettez-le à la broche et l'arrosez avec sa marinade. Faites une sauce avec des oignons coupés en dés et de la farine frits ensemble, et mouillez avec ce qui se trouve dans la léchefrite ; ajoutez les filets de deux anchois écrasés et délayés, et passez légèrement. Servez votre gigot sur cette sauce, le côté piqué *dessus*.

GIGOT EN FRICANDEAU.

Battez-le, ôtez la peau et le bout du manche, et piquez-le de lard fin ; faites-le cuire avec du bouillon, sans y mettre de sel, ou avec de l'eau et du sel, un bouquet de persil, une gousse d'ail, de la poudre d'épices. Quand il est cuit, dégraissez le bouillon, passez-le au tamis, et faites-le réduire en glace ; enduisez de cette glace le côté piqué du gigot, détachez avec du bouillon ce qui reste dans la casserole ; ajoutez-y un peu de coulis et servez le gigot sur cette sauce. On peut le servir aussi sur une farce d'épinards blanchis, égouttés, hachés, mouillés et liés avec un peu de coulis et le reste de la glace.

Nota. On peut se dispenser de piquer le gigot ; il suffit de le larder de quelques gros lardons assaisonnés. Pour lors, ayant fait la sauce comme on vient de le dire, on y ajoute une petite poignée de persil blanchi pendant *cinq* à *six* minutes et hachés très-fins. On peut l'appeler *gigot au persil*.

GIGOT EN HACHIS.

Prenez un gigot, cuit à la broche ; ôtez-en la peau et les nerfs, et hachez-en la chair très-menue avec du lard, une gousse d'ail, une pincée de persil, sel et poudre d'épices ; ajoutez-y deux ou trois œufs entiers et mêlez bien ensemble. Couvrez de cette farce l'os de votre gigot en lui donnant la figure sur le plat où il doit être servi et dont vous avez beurré le fond. Panez de mie fine et parsemez de petits morceaux de beurre. Faites cuire au four ou dans la tourtière, feu dessus et dessous ; étant cuit et de belle couleur, servez sur une vinaigrette à l'échalotte. (Voyez *Poivrade*.)

Il est encore beaucoup d'autres manières d'apprêter le gigot de mouton ; mais toutes rentrent plus ou moins dans celles que nous venons de décrire, et de plus longs détails seraient superflus.

GIGOT DE MOUTON EN CHEVREUIL.

Prenez un beau gigot de mouton ; ôtez-en la graisse et les nerfs, comme on fait au chevreuil ; ensuite lardez avec du gros lard ; assaisonnez de sel et de fines épices, et mettez-le dans une terrine assez spacieuse, avec trois gousses d'ail, quelques oignons, trois à quatre clous de girofle, laurier, fines herbes et du gros poivre : on verse dessus autant de vinaigre qu'il en faut pour que le gigot en soit presque couvert. Si votre vinaigre est trop fort, vous le tempérerez avec un peu d'eau. Couvrez votre terrine et laissez mariner votre gigot pendant deux ou trois jours, ayant soin de le retourner chaque jour d'un autre côté. On le met ensuite dans une lèchefrite, dans laquelle vous l'arroserez de tous côtés avec du beurre fondu ou de la bonne graisse, un verre de sa marinade et deux verres de bon vin rouge ; on le fait cuire au four, ou, si on aime mieux, on le mettra à la broche, en l'arrosant de la même manière.

Nota. Etant préparé de cette façon, le gigot de mouton ne diffère en rien d'une pièce de chevreuil, et possède toutes les qualités qu'on recherche dans le gibier le plus délicat.

HACHIS DE MOUTON.

Prenez les restes d'un gigot cuit à la broche, ou d'un filet cuit dans la tourtière, ou en fricandeau, et ôtez-en les peaux et les nerfs. Hachez menu et passez au beurre avec une tranche de jambon, si vous en avez, un peu de farine, une gousse d'ail hachée avec une pincée de persil ; mouillez d'un peu de bouillon et laissez mitonner pendant sept à huit minutes. Pressez et garnissez d'œufs entiers cuits à l'eau bouillante pendant cinq minutes, et de mies frites.

HARICOT DE MOUTON.

Coupez un carré de mouton en côtelettes un peu courtes ; parez-les proprement, et mettez-les cuire avec

du bouillon ou de l'eau, bouquet de persil et de ciboules, une gousse d'ail, sel et poudre d'épices. Faites
cuire à l'eau des navets coupés et parés en forme de
gros marrons et mettez-les égoutter; faites-les mitonner dans un roux d'oignons et de farine mouillé avec
la sauce des côtelettes, bien assaisonné, et passé au tamis clair. Dressez vos côtelettes en couronne, et
versez au milieu de votre ragoût de navets. Ayez l'attention que votre ragoût ne soit ni trop gras ni trop
salé. Nous avons choisi les côtelettes pour rendre le
haricot plus élégant; mais on peut leur substituer
d'autres morceaux, et alors on les sert confusément
avec les navets.

LANGUES DE MOUTON A LA TOURTIÈRE.

Faites-les cuire à l'eau, pelez-les et coupez-les en filets minces. Mettez dans le fond d'un plat un peu de
beurre et de mie de pain, et par-dessus vos filets cuits
et trempés dans une sauce épaisse au blanc ou au roux;
arrondissez en dôme surbaissé, panez de mie fine et
parsemez de petits morceaux de beurre; faites cuire
et prendre couleur sous le couvercle d'une tourtière
ou au four, et servez après avoir exprimé le jus d'un
citron sur la surface.

LANGUES DE MOUTON GRILLÉES.

Faites-les cuire à l'eau, et fendez-les aux trois quarts
dans leur longueur. Faites-les mitonner dans un
peu de coulis pendant un quart d'heure; trempez-
les ensuite dans un œuf battu; panez et arrosez de
graisse pour les paner encore; faites griller de belle
couleur, et servez sur une sauce hachée ou sur une
sauce à échalotte. (Voyez ces sauces.)

LANGUES DE MOUTON EN PAPILLOTTES.

Faites cuire à l'eau, pelez et fendez en deux, et faites mariner avec sel, poivre, persil, ciboules et gousse
d'ail hachés, et huile fine et moitié d'un citron coupé

en tranches; mettez chaque moitié avec un peu de
cet assaisonnement dans du papier blanc huilé, barde
de lard dessus et dessous; pliez le papier autour et
faites cuire sur le gril ou dans la tourtière, servez
avec le papier.

LANGUES DE MOUTON EN HATELETTES.

Prenez deux langues de mouton; coupez-les en petits morceaux carrés d'un pouce environ; passez-les
au beurre avec une bonne pincée de farine, persil
et ciboules hachés, sel et poudre d'épices; mouillez
avec du bouillon et de l'eau, et faites cuire à sauce
courte et épaisse; liez avec deux jaunes d'œufs,
sans bouillir, et laissez refroidir; embrochez alors
vos morceaux bien enveloppés de sauce; panez-les et
faites griller en les oignant d'un peu de beurre tiède.
Servez à sec vos hâtelettes quand elles sont de belle
couleur.

PIEDS DE MOUTON A LA POULETTE.

Flambez une trentaine de pieds de mouton et ôtez-
en une petite touffe de poils qui se tient au milieu de
la fente du bout du pied; faites-les cuire dans un
blanc, et, lorsqu'ils sont cuits, ce qui est au bout de
quatre bonnes heures, vous les égouttez sur un torchon blanc et en ôtez les os de la jambe; faites réduire
quelques cuillerées de coulis blanc avec des champignons auparavant passés au beurre; liez-le avec trois
jaunes d'œufs, ajoutez à cela trois quarterons de
beurre frais, une pincée de persil blanchi au jus de
citron, et jetez vos pieds de mouton dans cette sauce.

PIEDS DE MOUTON A LA SAINTE-MÉNEHOULD.

Quand ils sont cuits dans l'eau, vous leur ôtez les
gros os et les laissez entiers; mettez-les dans une
casserole avec un morceau de beurre, persil, ciboules, une pointe d'ail haché, sel, poivre; faites-les cuire
jusqu'à ce qu'il n'y ait presque plus de sauce; sur

la fin, remuez-les, de crainte qu'ils ne s'attachent; quand ils sont froids, trempez-les dans le restant de la sauce et les panez de mie de pain ; faites-les griiler et les servez à sec avec une sauce piquante.

POITRINE DE MOUTON BRAISÉE.

Coupez votre poitrine en morceaux longs, carrés ou ovales; mettez dans une casserole des bardes de lard, ajoutez-y des tranches de jambons, vos carbonades par-dessus, que vous couvrez de lard; jetez-y deux carottes coupées en tranches, trois ou quatre oignons aussi coupés, du laurier, du thym; versez-y plein une cuillère à pot de bouillon; vous les ferez mitonner pendant trois heures, feu dessus, feu dessous; sur le point de servir, égouttez-les, et dressez-les en miroton sur votre plat avec des épinards, de l'oseille ou de la chicorée au milieu.

POITRINE DE MOUTON FARCIE.

Levez la peau, mettez entre elle et la chair une farce de telle viande que vous voudrez ; faites cuire avec épices, bardes de lard, bouillon et bouquet garni. Faites réduire la sauce avec un peu de jus et de farine. On peut aussi la faire cuire dans le pot au feu. Si vous la voulez à la broche, vous la couvrirez de lard. Elle se sert ordinairement avec légumes ou sauce en ragoût.

QUEUES DE MOUTON A LA BRAISE, GRILLÉES, FRITES, AU PARMESAN, ETC.

Prenez quatre ou cinq queues de mouton et faites-les cuire avec du bouillon ou de l'eau, sel, poudre d'é-pices, bouquet de persil. Quand elles ont cuit pendant trois quarts d'heure ou une heure, servez-les sur une purée de lentilles ou sur des choux cuits avec du petit lard.

Si vous voulez les servir grillées, retirez-les de la braise quand elles sont cuites et laissez-les refroidir ;

trempez-les alors dans deux œufs battus et panez de mie frite; étant panées, arrosez-les de la graisse du derrière du pot un peu refroidie, et panez-les de nouveau. Faites griller à petit feu en les arrosant du reste de la graisse, et, quand elles sont de belle couleur, servez à sec ou sur un jus clair à l'échalotte.

Si vous voulez les faire frire, étant cuites et refroidies comme il vient d'être dit, trempez-les dans des œufs battus et panez-les une fois seulement; faites frire de belle couleur et servez garnies de persil frit.

Si vous voulez les mettre au parmesan ou au gruyère, mettez-les, quand elles sont cuites, dans un plat dont le fond soit couvert de fromage râpé et de deux ou trois cuillerées de coulis, recouvrez-les de coulis et de fromage râpé; faites mijoter pendant un quart d'heure et passez la poêle rouge par-dessus pour les glacer. La sauce doit être courte.

ROST-BIF OU ROAST-BEEF DE MOUTON À L'ANGLAISE.

Il se met à la broche, servi dans son jus, pour pièce du milieu; il se sert aussi à la Sainte-Ménehould; pour lors on le fait cuire à la braise; quand il est cuit, panez-le et faites-lui prendre couleur au four, et servez dessous une sauce à votre goût. On peut aussi, quand il est bien piqué, le faire cuire à la broche, le glacer d'une belle couleur et mettre des haricots à la bretonne dessous.

ROGNONS DE MOUTONS.

On les mange avec le morceau auquel ils tiennent, ou en hâtelettes. Ils se font aussi cuire sur le gril; il faut les ouvrir par le milieu et leur passer au travers une petite brochette; assaisonnez-les de sel, poivre; quand ils sont cuits, mettez dessous une sauce à l'échalotte.

DE L'AGNEAU.

C'est le nom d'un quadrupède engendré d'une brebis et d'un bélier.

La chair de l'agneau est fade, aussi demande-t-elle à être apprêtée avec soin et relevée par des sauces et des ragoûts piquants.

On doit préférer les agneaux de deux mois et demi, bien nourris, car ils sont les meilleurs.

ISSUES D'AGNEAU.

Laissez la tête entière, coupez le reste par morceaux et faites blanchir le tout un moment dans l'eau bouillante. Faites cuire à petit feu dans du bouillon, si vous en avez, ou dans de l'eau avec un peu de beurre, un peu de farine, sel, poivre et une gousse d'ail. Liez la sauce avec trois jaunes d'œufs délayés avec de la crème ou un peu de lait, et mettez-y un peu de verjus. Dressez la tête au milieu du plat, la cervelle découverte, le reste de l'issue autour et la sauce sur le tout.

POITRINE D'AGNEAU FRITE.

Coupez par morceaux et faites mariner pendant quatre ou cinq heures dans du vinaigre et autant de verjus, sel, poivre, girofle et ciboule. Trempez ensuite ces morceaux dans une pâte claire faite avec de la farine, du vin blanc et deux jaunes d'œufs. Faites frire dans la poêle avec du beurre fondu ou du saindoux bien chaud.

QUARTIER D'AGNEAU.

Celui de devant passe pour être meilleur que celui de derrière; l'un et l'autre se servent rôtis, arrosés d'une sauce faite avec du beurre frais manié de fines herbes et du verjus, ou du jus de citron; on les sert aussi en fricandeau sur des épinards. (Voyez *Fricandeau*.) Après les avoir servis en rôt, on les déguise en mettant les filets en blanquette ou à la béchamelle. (Voyez ces mots.)

QUARTIER D'AGNEAU PANÉ ET ROTI.

Piquez-le de petit lard à l'extérieur; frottez de beurre frais et d'huile d'olive l'intérieur; panez-le fortement; couvrez le quartier d'agneau de papier huilé; mettez à la broche. Avant la parfaite cuisson, retirez votre morceau du feu, saupoudrez une seconde fois avec râpure de pain mélangé de sel et de persil haché la partie déjà panée; faites prendre couleur à un feu très-ardent; arrosez d'un filet de vinaigre, ou servez sur une farce à l'oseille.

ROAST-BEEF D'AGNEAU A L'ANGLAISE.

La partie de derrière d'un agneau, d'un mouton, d'un chevreuil, etc., se sert rôtie (Voy. *Rost-bif*.)

TÊTES D'AGNEAU EN BRAISE BLANCHE.

Prenez deux têtes avec leurs collets, ôtez-en les mâchoires et le museau; faites-les blanchir dans une marmite avec du bouillon ou de l'eau, environ une demi-bouteille de vin blanc, moitié d'un citron pelé et coupé en tranches, du verjus, un bouquet de fines herbes. Quand elles sont cuites, servez-les avec une sauce piquante ou une sauce à l'espagnole, ou une ravigotte, ou une poivrade, ou même avec le bouillon dans lequel on les a fait cuire et dans lequel on délaiera trois jaunes d'œufs avec un peu de persil haché pour lui donner la consistance d'une sauce liée sur le feu.

DU COCHON.

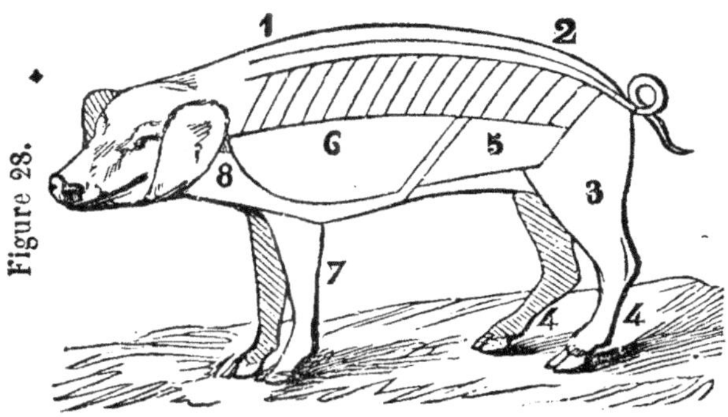

Le cochon ne tient pas, il est vrai, le premier rang en dignité dans la basse-cour; il le mérite peut-être en ce que c'est une provision toujours prête à prendre pour la maison, et qu'il est un des animaux qui font le plus de profit. On lui rend plus d'honneur après sa mort: ses jambons mayencés figurent honorablement sur une table; sa chair est agréable et nourrissante; on la mange fraîche et salée; toutes les parties de cet animal, avec un goût différent, sont en usage parmi les aliments.

La figure 28 indique les diverses parties intérieures du cochon dont voici la nomenclature: 1, carré ou échine; 2, filet; 3, jambon; 4, jambonneau; 5, flanchet; 6, poitrine; 7, épaule; 8, collet.

ANDOUILLES DE COCHON.

Prenez des boyaux de cochon dont vous couperez le gros bout; faites-les tremper pendant deux jours et ensuite blanchir dans de l'eau avec un peu de sel ou de vin blanc; retirez-les et jetez-les dans l'eau fraîche; coupez-les de la longueur que vous voulez donner à vos andouilles, qui est ordinairement de 9 à 24 cent. Prenez ensuite du ventre de cochon, coupez-le par tranches et formez-en vos andouilles. Après les avoir assaisonnées convenablement, passez-les ensuite dans leurs chemises ou robes, c'est-à-dire dans les boyaux que vous avez tirés de l'eau fraîche où vous les avez mis. Les andouilles étant faites, mettez-les dans un pot bien bouché sur un feu médiocre, après y avoir versé un peu d'eau et de vin blanc et les avoir assaisonnées de sel, poivre, deux feuilles de laurier et deux ou trois clous de girofle. Ecumez, faites cuire doucement en ajoutant à différentes reprises un litre de lait. Etant cuites, laissez-les refroidir dans leur bouillon et tirez-les. Quand vous voudrez en faire usage, enveloppez chaque andouille de papier et faites griller. Servez chaudement.

LE BOUDIN.

Sorte de mets qu'on renferme dans des boyaux de cochon, et dont on distingue deux sortes, le noir et le blanc.

Pour le *boudin noir*, faites cuire des oignons dans l'eau ou sous la cendre; ôtez-en la peau, hachez-les et mettez-les dans une terrine avec du sang de cochon sans grumeaux, de la panne coupée en dés, de la crême, du sel, de la poudre d'épices et une pincée de sariette en poudre. Emplissez de ce mélange des boyaux de cochon bien lavés, de manière qu'il y ait peu de vide, quand vous les lierez par les deux bouts. Les boyaux étant remplis, mettez-les dans l'eau bouillante pendant un quart d'heure à peu près et, pendant la cuisson, soulevez-les avec une écumoire pour les piquer avec une épingle; s'il ne sort de ces piqûres que de la graisse et non du sang, les boudins sont

cuits; alors tirez-les et laissez-les refroidir; coupez-
les ensuite de telle longueur que vous voudrez pour
les faire griller sur un feu très-vif et les servir très-
chauds. On peut faire de cette manière des boudins
de sanglier.

BOUDIN BLANC.

Prenez du blanc de volaille rôtie, et, à défaut, du
veau rôti; hachez cette viande avec autant de panne de
cochon et trois ou quatre gros oignons cuits sous la
cendre; mettez dans ce hachis de la mie de pain fine,
un demi-litre de crème et six jaunes d'œufs, le tout
assaisonné de sel et de poudre d'épices. Emplissez
de cette farce des boyaux de cochon, que vous lierez
de distance en distance, par exemple 15 à 18 cent.,
de manière qu'ils soient un peu lâches, afin qu'ils
ne crèvent point en cuisant dans l'eau; un quart
d'heure suffit pour cela; pendant qu'ils cuisent, piquez-les avec une épingle, et, quand ils sont cuits,
mettez-les sur une serviette pourqu'ils se refroidis-
sent. On les fait griller doucement, après les avoir enveloppés, si l'on veut, dans du papier ou en les mettant dans une caisse.

COTELETTES DE PORC FRAIS.

Elles s'accommodent en ragoût ou bien ainsi que
celles de veau et de mouton; pour les manger aux
fines herbes, les ayant appropriées, passez-les au
beurre ou au lard sur le feu dans une casserole; mettez-y une pincée de farine, remuez et mouillez avec
de l'eau ou du bouillon. ajoutez bouquet de persil et
de ciboules, une gousse d'ail, sel, poudre d'épices et
faites cuire à petit feu. Etant cuites et la sauce réduite,
passez-la au tamis clair, ajoutez-y des fines herbes
hachées et pilées, savoir, persil, ciboules, cerfeuil,

estragon et pimprenelle, et liez-la sans faire bouillir, avec deux jaunes d'œufs délayés avec un peu de cette sauce. Servez les *côtelettes* la sauce par-dessus.

On fait frire et sauter toutes sortes de *côtelettes* après les avoir doublement panées ou enduites avec du jaune d'œuf et de la mie fine.

FILETS DE COCHON.

Voyez filets de lièvres.

FOIE DE COCHON EN HATEREAUX.

Coupez en tranches épaisses d'un doigt, assaisonnez de sel et de poivre, enveloppez de crépine et faites cuire sur le gril. Servez sans sauce ou sur une sauce piquante.

LANGUES DE COCHON FOURRÉES.

Echaudez-les, ôtez la première peau, le cornet et les petits os; prenez un pot qui puisse les contenir toutes, mettez au fond de ce pot du sel et du salpêtre en poudre, du poivre, des grains de genièvre écrasés, du thym, de la sauge et des feuilles de laurier; arrangez sur cet assaisonnement un lit de langues bien pressées, par-dessus le même assaisonnement, ensuite un second lit de langues, ainsi de suite. Laissez-les dans cet état pendant huit à dix jours, puis retirez-les du pot et passez-les dans des boyaux de cochon de même volume; suspendez-les à la cheminée pendant quinze jours et gardez-les dans un endroit sec et froid. Quand vous voudrez en faire usage, faites-les cuire dans une braise, moitié eau, moitié vin rouge, avec un peu de sel et de poivre. Servez à froid sur une serviette avec du persil vert.

OREILLES, LANGUES ET PIEDS DE COCHON.

Les oreilles se font cuire à la braise, faite comme

celle de la tête, dont nous parlerons ci-après; quand elles sont cuites, il faut les paner et les faire griller ; servez-les à sec.

L'on en fait aussi des menus droits (Voy. *Palais de bœuf en menus droits*), et les faites de même. Elles sont encore bonnes salées et fumées.

La langue se met à la braise avec des sauces piquantes, et, pour le mieux, elle se mange salée et fumée. Les pieds s'accommodent comme les oreilles.

OREILLES DE COCHON SUR LE GRIL.

On sale les oreilles de cochon avec le petit lard, on les fait cuire dans de l'eau ou avec des légumes, on les met sur le gril et on les sert sur une remoulade. (Voyez ce mot.)

OREILLES DE COCHON EN PANACHE.

Faites-les cuire comme les oreilles de veau à la braise ou plus simplement dans de l'eau avec un peu de vin blanc. Quand elles sont cuites, coupez le bout en filets jusqu'au tiers ou au milieu de la longueur de l'oreille, pour imiter un bouquet de plumes ; liez le mouillement réduit avec un peu de farine et un jaune d'œuf; il ne faut pas que cette sauce excède une cuillerée à pot. Coupez les oreilles dans cette sauce et panez-la de mie fine parsemée de petits morceaux de beurre. Dressez vos oreilles debout dans une tourtière beurrée et faites-leur prendre couleur au four ou sous un couvercle bien chaud. Servez-les debout sur une remoulade. (Voyez ce mot.)

PIEDS DE COCHON A LA SAINTE-MÉNEHOULD.

Faites-les cuire à l'eau avec sel et poivre et un verre de vin blanc. Étant cuits et refroidis, fendez-les en deux, panez et faites griller de belle couleur. Servez à sec pour entremets.

QUEUES DE COCHON.

Étant cuites à l'eau et égouttées, on les fait grill
et on les sert à sec.

ROGNONS DE COCHON AU VIN DE CHAMPAGNE.

Après avoir coupé vos rognons en tranches très-
minces, vous les mettrez dans une casserole sur un
feu ardent, avec un morceau de beurre, du sel, du
poivre, de persil, des petits oignons et de l'échalotte,
le tout haché bien menu; remuez vos rognons sans
relâche afin qu'ils ne s'attachent pas. Lorsqu'ils sont
réduits, ajoutez un peu de farine que vous remuez
avec; vous y versez ensuite un verre de vin de champagne, vous retournez alors votre ragoût sans le laisser bouillir, après quoi vous pouvez le servir.

SAUCISSES.

Prenez de la chair de cochon la moins nerveuse;
mettez une livre de lard pour une livre de chair que
vous hacherez un peu fin; joignez-y du persil, de la
ciboule, un peu d'épices, du sel, du poivre; mêlez le
tout ensemble, et mettez ensuite votre préparation
dans les boyaux. Les gastronomes y peuvent ajouter
un verre de vin ou de champagne, ou de madère, etc.

Au lieu de boyau on se sert quelquefois de la crépine
de porc pour envelopper le hachis des saucisses; on
les appelle alors *saucisses plates*, parce qu'on leur
donne la forme d'un œuf aplati.

On procède de la même manière pour faire les saucisses de veau et de blancs de volailles.

On fait cuire les saucisses sur le gril et on les sert à
sec, ou seules ou autour du bouilli.

SAUCISSES A LA MATELOTTE.

Prenez une saucisse d'un seul boyau de cochon et

roulée en volute, comme un escargot. Faites un roux avec du beurre et deux gros oignons coupés en dés, auxquels vous ajouterez une bonne pincée de farine quand ils commencent à roussir. Quand le tout est d'une belle couleur, mouillez avec du bouillon ou de l'eau et faites bouillir pendant sept à huit minutes, après y avoir ajouté un peu de sel, de la poudre d'épices et un bouquet de persil. Passez au tamis clair avec expression ; ajoutez deux verres de vin blanc, mettez-y votre saucisse et faites cuire doucement pendant une heure. Quand la saucisse est au point convenable, dressez-la en lui conservant sa forme et servez avec la sauce.

TÊTE DE COCHON.

Elle se met en hure de sanglier ; faites-la brûler à un feu clair sur un fourneau bien ardent et la frottez à force de bras avec une brique, et ensuite avec un couteau. Après qu'elle est nette désossez-la à moitié sans ôter la peau, piquez-la en dedans avec de gros lard ; assaisonnez-la de sel, épices mêlées, persil, ciboules, champignons, ail, le tout haché ; enveloppez-la avec un linge blanc, ficelez-la et la faites cuire dans une bonne braise faite avec du bon bouillon, du vin rouge, un gros bouquet garni, oignon, racine, sel et poivre.

Quand elle est cuite, laissez-la refroidir dans sa braise et servez-la sur une serviette pour entremets du milieu.

DU COCHON DE LAIT.

Jeune cochon qui tète encore. Quand il est tué met-tez-le dans un baquet d'eau qui est près de bouillir, échaudez-le pendant une minute, retirez-le et enle-vez-en toutes les soies en les frottant fortement sur une table avec la main ; s'il en reste, remettez-le dans l'eau chaude et frottez de nouveau. Videz-le pendant qu'il est chaud et mettez-le à l'eau froide pour le bien laver, ensuite essuyez-le et laissez-le mortifier pendant vingt-quatre heures.

COCHON DE LAIT ROTI.

Etant préparé, comme on vient de le dire, mettez dans le corps un bouquet de persil mêlé d'un peu de sauge et de thym avec sel et poivre et cousez-le. Re-troussez et embrochez et faites cuire à feu clair pen-dant cinq quarts d'heure s'il est petit et plus longtemps s'il est gros. Pendant qu'il cuit, arrosez-le avec de l'huile, afin que la peau soit croquante, et, avant de le servir, coupez la tête.

COCHON DE LAIT EN GELÉE.

Coupez-le par morceaux le plus proprement qu'il est possible ; laissez la tête entière ou coupez-la en deux suivant l'ouverture des mâchoires. Mettez ces mor-ceaux dans une grande casserole ou une braisière avec un jarret de veau, un gros bouquet de persil, de sariette et de thym, deux ou trois gousses d'ail, sel, poudre d'épices, du bouillon ou de l'eau et un litre au moins de vin blanc, de manière que le mouillement couvre le cochon. Faites cuire sur le fourneau pendant une heure et demie ou un peu plus si le cochon est gros. Quand il est cuit, retirez les morceaux avec une écumoire; dégraissez le court-bouillon et passez-le au tamis. Fouettez trois blancs d'œufs avec une cuillerée à pot de ce court-bouillon et versez dans la braisière avec le reste en fouettant encore. Mettez sur le feu et faites bouillir pendant huit à dix minutes; ajoutez à la fin un citron et quelques zestes de son écorce; passez dans une serviette fine sans expression. Arrangez vos morceaux sur les plats où vous voulez les servir et versez la gelée par-dessus, mettez-les dans un lieu sec et frais afin qu'elle se fige.

On peut encore présenter le cochon de lait en gelée, en le coupant seulement en quatre quartiers, après en avoir séparé la tête qu'on laisse entière. Alors un seul quartier suffit pour faire un plat.

COCHON DE LAIT FARCI.

Echaudez, nettoyez et videz; désossez-le, à la réserve de la tête et des pieds. Faites une farce avec une livre de rouelle de veau, une demi-livre de graisse de bœuf, quatre onces de lard, le foie de cochon, une gousse d'ail, deux ou trois échalottes, le tout haché; ajoutez quatre onces de jambon cru coupé en petits dés, sel, poudre d'épices, quatre œufs crus, entiers et fouettés, et enfin quatre onces de mie de pain trempée dans une chopine de lait chaud. Mêlez le tout et mettez cette farce dans le ventre du cochon avec quelques truffes fraîches, cousez-le et retroussez-le comme pour le mettre à la broche; mettez-le dans une tourtière avec des bardes de lard dessus et dessous; faites-le cuire au four ou sous le couvercle de la tourtière, feu dessus et dessous. Servez pour entremet froid.

Au lieu de le mettre au four ou sous la tourtière, on

peut le faire cuire dans une braisière pour le mettre en gelée. Alors n'y mettez point de bardes de lard ; enveloppez-le d'une serviette que vous cousez légèrement pour la maintenir ; liez ensuite de plusieurs tours de ficelle et faites-le cuire comme celui en gelée de l'article précédent. Faites refroidir votre gelée dans une casserole et servez-la en pendant du cochon de lait placé sur une serviette.

COCHON DE LAIT EN GALANTINE.

Voyez ce mot.

COCHON DE LAIT EN ÉTUVÉE.

Coupez-le en morceaux pour une gelée et faites-le cuire comme une étuvée de carpe. (Voyez *Carpe* et *Étuvée*.)

COCHON DE LAIT A LA BROCHE.

Echaudez et troussez-le bien ; remplissez-le d'une farce composée du mou, du foie, avec de la chair à saucisses ou de toute autre viande convenablement épicée ; ordinairement on y joint aussi de la sauge hachée, des champignons, des marrons ou des truffes. Embrochez-le, arrosez-le d'abord cinq ou six fois avec de l'eau salée et épicée et ensuite avec de l'huile, au moyen d'un bouquet de sauge emmanché au bout d'un bâton. L'arrosement à l'huile sert à rendre la peau croquante. Il lui faut de deux heures à deux heures et demie de cuisson. Servez tout chaud sortant de la broche.

DE LA VOLAILLE.

La volaille subit en cuisine mille préparations dont nous allons donner les plus essentielles et les moins dispendieuses.

DU CANARD.

Sorte d'oiseau aquatique qu'on distingue en *canard domestique* et *canard sauvage*. Ce dernier est un oiseau de passage qu'on ne voit guère qu'en hiver; on la mange ordinairement rôti, sans le piquer et le barder, et sans autre assaisonnement que du sel, du poivre et le jus d'un citron qu'on répand sur le canard coupé en filets. Quant au canard domestique, qu'on nomme barboteur, on le prépare de diverses manières, parmi lesquelles nous avons choisi celles qui suivent :

CANARD A LA PURÉE VERTE.

Le canard nourrit beaucoup, mais il se digère difficilement. Il faut le choisir tendre, jeune et gras.

Pour l'arranger à la purée verte, plumez, videz, flambez un bon canard, après lui avoir coupé la tête. Retranchez les ailerons et les pattes, et faites-le cuire à la braise. Faites une purée de pois dans laquelle vous mêlez des épinards cuits pour la rendre plus verte; assaisonnez cette purée de sel, poudre d'épices et d'une pointe d'ail; mettez-la dans un plat, le canard par-dessus et servez.

Au lieu d'une purée de pois, on peut mettre sous le canard, cuit comme ci-dessus, une purée de céleri ou de chicorée blanchie hachée et liée avec du coulis. On peut aussi le servir avec un ragoût de navets coupés de la grosseur d'une noix, passés au beurre ou au saindoux et mouillés ensuite avec du coulis. Dans

tous les cas, on peut employer avec avantage le ré-
sidu de la braise.

CANARD AUX OLIVES.

Le canard étant préparé comme ci-dessus, mettez-
le dans une casserole avec du beurre ou du saindoux,
et faites-lui faire quelques tours au feu. Retirez-le,
mettez dans la casserole un oignon coupé en dé, et,
quand il commence à roussir, ajoutez une pincée de
farine; quand le tout a pris couleur, mouillez avec du
bouillon ou avec de l'eau; après quelques bouillons,
passez au tamis et versez sur le canard. Assaisonnez
de sel, poudre d'épices et d'une pointe d'ail; faites
cuire à petit feu. Pendant la cuisson, tournez des olives
que vous passez à l'eau bouillante pour les mettre
ensuite avec le canard que vous servirez après avoir
versé par-dessus les olives avec leur sauce.

La sarcelle, la foulque ou morelle, la poule d'eau,
les poulets et les perdrix s'apprêtent de la même
manière.

CANARDS AUX PETITS POIS.

Mettez dans une casserole votre canard préparé
comme ci-dessus, avec des lardons de lard un peu gros
et une pincée de farine, et faites-lui faire quelques
tours sur le feu. Dès qu'il y a pris couleur, mouillez
avec du bouillon ou du jus, et, à défaut de l'un et
de l'autre, avec de l'eau; assaisonnez de sel et de poudre d'épices; ajoutez vos petits pois; couvrez la casserole et faites cuire à petit feu. Etant cuit, dressez le
canard, liez les petits pois avec deux jaunes d'œufs
et versez par-dessus. Si vous avez du coulis, em-
ployez-le au lieu de jaunes d'œufs pour lier les petits
pois.

La cane, femelle du canard, s'apprête de même.

CHAPON ROTI.

Le chapon est un coq que l'on a châtré pour lui donner plus d'embonpoint et rendre sa chair plus délicate. Le jeune et gras nourrit beaucoup, produit un bon suc, restaure et se digère facilement. Le bouillon de chapon fortifie et rétablit les forces.

Le chapon qui a passé sept à huit mois ne peut plus se manger à la broche; mais il est excellent pour les bouillons et pour les daubes. Ce que nous dirons ici du chapon doit s'entendre aussi pour la poularde, qui n'est qu'une jeune poule engraissée.

Pour rôtir, plumez, videz, remettez le foie dans le ventre, retroussez et ficelez; coupez les pattes et les ailerons, couvrez l'estomac d'une barde de lard et faites rôtir. Servez à sec couvert de sa barde ou avec une sauce faite avec de l'eau bouillante dans laquelle on a mis quelques zestes et le jus d'une bigarade, du sel et du poivre.

CHAPON A LA BRAISE OU DANS LA TOURTIÈRE.

Prenez du lard blanchi, deux oignons cuits sous la cendre, un peu de tétine de veau ou de graisse de bœuf, un peu de jambon, persil et ciboules, champignons ou mousserons; hachez le tout et faites faire deux ou trois tours sur le feu. Ajoutez sel et poudre d'épices et trois œufs entiers battus; brouillez et faites cuire cette farce sans la rendre trop sèche; vous en remplissez votre chapon. Ainsi préparé, vous le ferez cuire dans une braise à feu lent, et vous le servirez avec le jus qui en sera sorti, amplifié d'un peu de jus ou de bouillon et de jus d'un citron; ou bien faites-le cuire doucement dans une tourtière sur des bardes de lard; dressez-le sur un plat et versez dessus une sauce brune ou un ragoût de ris de veau et de champignons.

CHAPON AU COULIS D'ÉCREVISSES.

Étant préparé et cuit dans une braise ou dans une tourtière comme il est dit à l'article précédent, servez-le couvert d'un coulis et de queues d'écrevisses.

CHAPON FARCI EN DAUBE.

Faites une farce avec du veau, du lard, une pointe d'ail, du persil, sel et poudre d'épices; liez cette farce avec deux jaunes d'œufs crus et remplissez-en votre chapon; puis mettez-le dans une braisière proportionnée avec un jarret de veau, du vin et de l'eau également et assez pour qu'il en soit couvert. Assaisonnez de sel, poudre d'épices et d'un bouquet de thym. Retirez-le quand il est cuit, et, ayant fouetté deux blancs d'œufs avec une cuillerée de court-bouillon, jetez ces blancs dans la braisière et mêlez en fouettant; ajoutez quelques zestes de citron et faites bouillir pendant huit ou dix minutes, ou plus longtemps encore si le court-bouillon n'est pas assez réduit pour se convertir en gelée un peu ferme. Passez-le dans une serviette blanche et fine, sans expression dans une jatte où vous le laisserez refroidir. Quand la gelée est prise, dressez-la avec une cuillère à ragoût autour du chapon.

DE L'OIE.

Cet oiseau aquatique, amphibie, palmipède, se distingue généralement en deux espèces, *domestique* et *sauvage,*

L'oie domestique ou privée est un oiseau de basse-cour, plus petit que la cygogne et plus grand que le canard; il pèse jusqu'à dix livres étant engraissé. Les naturalistes observent que l'oie n'est nullement stupide, comme semble l'annoncer cette expression commune : *bête comme une oie.* Mais, quand cela serait, elle n'en serait pas moins en honneur parmi nous; c'est ainsi que le cochon est vénéré sur nos tables, quoiqu'il soit ailleurs un objet de mépris et de dégoût. Nul animal en effet ne peut entrer en comparaison avec l'oie, quant au profit qu'on en tire. Sa chair, sa graisse, son foie, ses œufs, son duvet, ses grandes plumes, ses pattes, tout est mis à contribution; sa fiente même a quelque utilité. Tout le monde sait comment on engraisse les oies, comment on parvient à donner à leurs foies le volume et l'embonpoint qui les a rendus si célèbres dans les pâtés de Strasbourg. Il y a de ces foies qui pèsent jusqu'à deux livres, et les oies qui les fournissent sont elles-mêmes très-grasses et excellentes à manger, quand on a suivi la bonne méthode.

L'oie, surtout la *sauvage*, est un manger assez agréable et nourrissant.

L'OIE EN BROCHE.

Prenez-la jeune et grasse; plumez, videz et flambez. Après avoir mis le foie dans le corps, faites cuire à la broche et conservez la graisse qui tombe dans la lèchefrite pour l'employer dans les légumes et les ragoûts. Servez avec la sauce suivante :

Ecrasez le foie et délayez-le avec de la moutarde, un peu d'huile, un filet de vinaigre aux fines herbes, eau chaude, quelques zestes de citron, sel et poudre d'épices; passez au tamis clair avec expression; faites chauffer et servez sous l'oie avec le jus de citron.

OIE FARCIE A LA BRAISE.

Passez des marrons à la poêle percée ou à l'eau bouillante et pilez-les; hachez-les ensuite avec la chair de deux ou trois saucisses, le foie de l'oie, une pointe d'ail, persil, ciboules, échalotte, sel et poudre d'épices. Passez cette farce sur le feu avec du beurre pendant quinze à vingt minutes, et mettez-la dans le corps d'une oie jeune et tendre que vous cousez ensuite pour

que rien n'en sorte ; faites cuire à la broche et servez-
la sur un ragoût de marrons apprêté comme il suit :

Faites rissoler et pelez trente à quarante beaux marrons et mettez-les dans une casserole avec un demi-
verre de vin blanc, un verre de jus, autant de bouillon et une pincée de farine délayée dans deux ou
trois cuillerées du jus de l'oie tombée dans la lèchefrite ; faites bouillir et réduire à sauce courte sans
qu'elle soit trop salée et sans que vos marrons soient
déchirés. Servez sous l'oie.

OIE A LA DAUBE.

Prenez une grosse oie qui ne soit plus propre à la
broche, et, après l'avoir vidée et flambée, faites une
farce avec son foie et un peu de graisse, de la rouelle de
veau, du lard, des truffes ou des mousserons, sel et
poudre d'épices, le tout bien haché et lié ensuite avec
deux jaunes d'œufs. Mettez cette farce dans le corps
de l'oie, cousez-la et enveloppez-la d'un linge blanc ;
mettez-la dans une marmite ou dans une braisière
proportionnée avec deux litres d'eau, autant de vin
blanc, un jarret de veau, sel et poivre, et un gros bouquet de persil, de ciboules et de thym. Faites cuire
sur un feu modéré pendant quatre heures, et, quand
elle est cuite, ce que l'on voit en appuyant le bout du
doigt sur l'estomac, retirez-la de la braisière et laissez-la refroidir dans son enveloppe. Dégraissez et faites réduire le court-bouillon, s'il n'est pas assez réduit.
Prenez-en une grande cuillerée pour le fouetter avec
deux blancs d'œufs et le mêler ensuite avec le reste
en fouettant toujours. Faites bouillir pendant six à sept
minutes ; passez dans une serviette fine sans expression et laissez refroidir. Quand la gelée est bien prise,
mettez-la en gros morceaux autour de l'oie que vous
avez déshabillée et servez.

MANIÈRE DE CONSERVER LES AILES ET LES CUISSES D'OIES.

Dépecez vos oies sans être cuites; tournez-en les ailes et les cuisses dans un mélange de sel bien sec, de poudre d'épices et de trois ou quatre gousses d'ail hachées ; arrangez-les bien serrées dans votre pot, en y mêlant quelques feuilles de laurier, et remplissez-le de graisse tiède, comme il est dit ci-dessus.

DES PIGEONS.

Le pigeon, oiseau connu, dont les espèces les plus employées dans les cuisines sont le *pigeon commun* ou *fuyard*, le *pigeon de volière* et le *ramier* gros et petit; ce dernier se nomme *bizet*.

La seconde espèce est préférée à la première, le pigeon de volière étant plus gros et plus gras que le pigeon commun.

Le pigeon, domestique ou sauvage, doit être choisi jeune, gras et tendre.

Le *ramier* est très-bon quand il est jeune; autrement sa chair est dure et se met en daube ou en pâté.

PIGEONS ROTIS.

Piquez-les de lard fin et faites cuire à la broche enveloppés d'un papier que vous ôtez sur la fin pour leur faire prendre couleur. Si on ne veut pas les piquer, on les fait rôtir bardés ou enveloppés de feuilles de vigne. On les pique aussi avec des branches de persil.

PIGEONS GRILLÉS OU A LA CRAPAUDINE.

On les appelle vulgairement *pigeon à la Saint-Laurent*. Ouvrez-les par le dos et aplatissez-les un peu avec le rouleau ; assaisonnez de sel, poudre d'épices et persil haché ; panez, faites griller de belle couleur et servez sur une poivrade. (Voy. ce mot.)

PIGEONS EN COMPOTE.

Passez-les dans la casserole avec du lard fondu et une pincée de farine jusqu'à ce qu'ils soient de belle couleur ; mouillez avec de l'eau ou du bouillon et autant de vin blanc ; ajoutez un ris de veau blanchi et coupé en quatre, champignons ou mousserons, bouquet de persil, sel et poudre d'épices. Faites cuire et réduire à petit feu. Servez.

On peut, avant de les faire cuire, les farcir d'un hachis délicat fait avec leurs foies, de la rouelle de veau, de la graisse de bœuf ou du lard, sel, poivre, persil et mousserons, le tout lié avec un œuf battu.

PIGEONS FRICASSÉS AU BLANC.

Passez-les, coupés en quatre, avec du lard fondu et farine ; mouillez d'eau et de vin blanc ; assaisonnez de sel, poudre d'épices et quelques champignons. Faites-les cuire à la broche enveloppés de bardes. Quand ils sont cuits, ôtez les bardes et servez dessus un ragoût de truffes, de champignons ou de mousserons. (Voy. *Ragoût*.)

PIGEONS EN FRICANDEAUX.

Comme les perdrix en fricandeaux. (V. *Perdrix*.)

PIGEONS AUX OLIVES.

Comme le canard aux olives. (Voy. *Canard*.)

C'est assez et même trop pour les esprits intelligents. Ceux qui désirent de plus grands détails peuvent consulter le *Dictionnaire de cuisine*, qui donne quatre-vingt-huit manières d'apprêter les pigeons. Il faudrait une bouche de fer pour les dire et une main de fer pour les exécuter.

LE POULET OU POULARDE A LA BROCHE.

Le poulet est un aliment très-salutaire, tant en santé

qu'en maladie; il est nourrissant, pectoral, aisé à digérer, humectant, rafraîchissant et d'un bon suc. Sa chair, plus délicate que celle de la poule, convient moins aux personnes qui ont besoin d'un aliment solide; c'est pourquoi on mange ordinairement le poulet rôti et la poule bouillie. On fait avec le poulet un demi-bouillon qu'on nomme *eau de poulet*. Il est fort en usage dans la diète de ceux qui ont la fièvre et qui n'ont besoin que d'une nourriture légère. Pour le rôtir à la broche, il faut le vider, le flamber, le brider et le piquer de lard fin, ou bien couvrez-le de bardes de lard; attachez les pattes sur la broche, et, lorsque votre poulet est cuit à point, servez. La poularde s'apprête ainsi.

Les poulets rôtis et desservis peuvent encore être présentés sur la table, soit entiers, soit dépecés par membres avec une remoulade aux fines herbes.

FRICASSÉE DE POULETS.

Vos poulets étant plumés et vidés proprement, coupez-les par membres et séparez les ailerons des ailes et les pattes des cuisses. Pelez les pattes en les passant sur la braise; coupez le bec à sa naissance; parez le foie et l'estomac; enfin que chaque partie soit coupée proprement. Faites blanchir le tout un moment dans l'eau bouillante avec un filet de vinaigre. Retirez et faites égoutter; passez au beurre avec un bonne pincée de farine; mouillez de bouillon ou d'eau et d'un demi-verre de vin blanc; ajoutez sel, poudre d'épices, bouquet de persil et d'estragon, champignons ou mousserons et une pointe d'ail. Faites cuire un peu vivement; la sauce étant un peu courte, liez-la sans la faire bouillir avec deux ou trois jaunes d'œufs délayés avec de la crème; jetez le bouquet et arrangez vos morceaux sur le plat en mettant dans le fond les ailerons, les pattes, les foies, les estomacs et les cous, les cuisses et les ailes au-dessus. Versez la sauce sur le tout, après l'avoir relevée, si vous voulez, d'un filet de verjus ou du jus de citron. Vous pouvez aussi entourer votre fricassée d'un cordon de mies frites.

La desserte d'une fricassée de poulets peut encore être présentée en friture. On trempe les morceaux dans une pâte claire; on les fait frire dans du beurre chaud et on les sert en pyramide, garnis de persil frit dans du beurre bien chaud.

POULETS EN MATELOTTE.

Coupez par membres deux poulets, comme dans l'article précédent. Mettez dans une casserole un morceau de beurre avec deux oignons et une carotte coupés en dés; dès qu'ils commencent à roussir, ajoutez une bonne pincée de farine pour faire du tout un roux de belle couleur; mouillez avec de l'eau ou du bouillon et autant de vin blanc; faites bouillir pendant sept à huit minutes et passez au tamis clair avec expression dans une casserole où vous avez mis vos poulets dépecés; ajoutez sel, poudre d'épices, bouquet de persil et champignons. La cuisson faite, mettez dans la sauce les filets d'un anchois écrasé et une pincée de câpres. Servez.

POULETS A L'ESTRAGON.

Flambez et videz deux poulets. Faites bouillir pendant cinq à six minutes une petite poignée de sommités d'estragon; prenez-en le quart pour le hacher avec les foies de poulets; maniez cette farce avec un morceau de beurre ou avec du lard fondu, et mettez-la dans le corps de vos poulets que vous faites revenir dans la casserole avec du beurre. Bardez-les et faites-les cuire à la broche enveloppés dans du papier. Quand ils sont cuits, mettez le reste de l'estragon haché dans la casserole avec du beurre, une pincée de farine, deux jaunes d'œufs délayés avec un peu de jus ou du bouillon, sel et poudre d'épices ; faites lier sans bouillir et ajoutez un filet de vinaigre ; versez cette sauce sur les poulets et servez.

POULETS AUX PETITS POIS.

Flambez, videz et troussez deux poulets ; passez-les au beurre avec une pincée de farine ; mouillez avec du bouillon et un peu de jus ; ajoutez poudre d'épices, un bouquet de persil, peu de sel ; faites cuire et réduire à courte sauce ; dressez vos poulets et servez dessus un ragoût de pois au lard.

On peut, si l'on veut, faire cuire ensemble les poulets et les petits pois.

POULETS EN FRICANDEAUX.

Ainsi que les perdrix en fricandeaux. (V. ce mot plus loin.)

DE LA POULE.

L'on donne ce nom à plusieurs femelles de volatiles, mais plus particulièrement à la femelle du coq. On mange la poule bouillie, cuite au pot avec le bœuf dont elle améliore le bouillon ; dans ce cas, du persil haché et mêlé au bouillon en fait la sauce, et c'est ce qu'on appelle *poule au gros sel*, parce qu'on la sert parsemée de quelques grains de sel. On la sert aussi avec du riz, en fricassée, à la daube, ainsi que le chapon.

DE LA POULE D'EAU.

On apprête cet oiseau aquatique comme le plongeon et la foulque, c'est-à-dire qu'on le mange rôti ou grillé à la crapaudine avec une poivrade. (Voyez ce mot.)

POULARDES AUX TRUFFES.

Lavez et brossez dans plusieurs eaux un ou même deux kilos de truffes, suivant la grosseur de la poularde : pelez-les ; hachez bien menu quelques-unes des moins belles que vous mettrez dans une casserole avec les pelures des autres, et un demi-kilo de lard également haché ; mettez-y aussi les truffes entières avec un bon assaisonnement, tels que bouquet garni, poivre, sel et jus de citron ; faites-les cuire sur un feu doux pendant une heure ; retirez-les et laissez-les presque refroidir. Vous prendrez trois ou quatre foies de volailles que vous pilerez dans un mortier avec quelques truffes hachées ; mêlez avec tout le reste. Farcissez-en le ventre de la poularde et recousez-le. Au bout de plusieurs jours, suivant la température, elle aura pris le parfum des truffes, et son odeur vous apprendra qu'elle est propre à mettre à la broche, entourée de papier beurré. Ainsi préparée, une poularde ne peut manquer d'être excellente ; mais sa cuisson demande beaucoup de temps et de soin.

DINDON CUIT DANS SON JUS.

Foncez une casserole de tranches de veau et de petits morceaux de lard, posez le dindon dessus, l'estomac en dessous ; jetez-y des épices, sel, bouquet garni ; couvrez de bandes de lard ; mouillez de bouillon et faites cuire doucement à très-petit feu ; passez la sauce au tamis, dégraissez et servez sur le dindon.

CANARD AUX NAVETS.

Faites roussir des petit navets dans une poêle avec du beurre et une demi-cuillerée de cassonnade. Ensuite faites revenir votre canard dans une casserole avec du beurre, et aussitôt qu'il aura pris couleur, vous y joindrez les navets ; mouillez-le de bouillon, ajoutez épices et bouquet garni, achevez la cuisson, et avant de servir liez avec un morceau de beurre manié de farine.

ABATIS DE DINDON ET D'OIE EN HARICOT.

Coupez par morceaux et mettez dans un roux ;

mouillez de bouillon avec épices et bouquet garni, faites cuire environ une heure et demie, ensuite mettez navets ou pommes de terre que vous aurez fait roussir auparavant dans une poêle, ajoutez encore du bouillon et de l'assaisonnement, achevez la cuisson, et liez avec du beurre manié de farine.

CAPILOTADE DE VOLAILLE.

On accommode ainsi les débris de volaille de desserte. Faites un roux blanc, joignez-y champignons, persil, échalottes hachés; mouillez d'un verre de vin blanc et de bouillon, faites cuire doucement vos morceaux une demi-heure, dégraissez et servez-les entourés de croûtons frits.

CUISSES DE DINDON RÉVEILLANTES.

Si vous avez des cuisses de dindon cuit à la broche, et que vous vouliez les réchauffer d'une manière distin guée, mettez-les dans une casserole avec un bon verre de vin blanc, un verre de bouillon gras, sel, gros poivre, un bouquet d'herbes fines, une demi-gousse d'ail, deux clous de girofle; faites-les cuire une heure et réduire toute la sauce ; ensuite mettez-les sur le plat qu'on doit servir et les garnissez avec le ragoût suivant :

Mettez dans une casserole un ris de veau blanchi et coupé en dés, persil, ciboules hachées, avec un morceau de bon beurre ou bien avec du lard râpé ou de la bonne huile; passez sur le feu, poudrez de farine ; mouillez avec un verre de bouillon et un demi-verre de vin blanc ; faites bouillir à petit feu pendant une demi-heure ; dégraissez, ajoutez-y anchois hachées et des câpres, une poignée d'olives dont vous avez ôté les noyaux; faites chauffer sans bouillir, et versez sur vos cuisses de dindon.

Au lieu d'anchois, câpres ou olives, l'on pourrait mettre dans le ragoût des truffes, des champignons, suivant le goût.

DU GIBIER.

On distingue trois sortes de gibier : 1° celui à poil, 2° celui à plumes, 3° la venaison.

La première comprend les lièvres, les levrauts, les lapins, les lapereaux.

La deuxième comprend les ortolans, les faisans, les faisandeaux, les canards sauvages, les poules d'eau, les sarcelles, les albrans, les alouettes ou mauviettes, les bécasses, les bécassines, les bécots, les cailles et cailleteaux, les guignards, les ramiers, les ramereaux, les perdrix rouges, les perdreaux gris, les merles, les grives, les gélinottes, les pluviers, les rouges-gorges et les vanneaux.

La venaison, ou viande noire, sous-entend le chevreuil, le daim, le faon, le cerf, la biche, le sanglier et le marcassin.

Le gibier à poil se dépouille, se vide, se fait revenir et se sert sur table, rôti, sauté ou en ragoût, tels que les lièvres, lapins, etc.

Le gibier à plumes se dépouille, se vide, se flambe et se sert généralement pour rôt, piqué, bardé de lard et souvent farci de son propre foie, ainsi que le faisan.

Les alouettes s'apprêtent aussi en ragoût, en salmis, en caisses, en pâté, etc.

La perdrix en coulis, sur une purée de lentilles ou aux choux, au jambon ou aux marrons en potage.

Les grives et les pluviers ne se vident pas et se servent rôtis.

La venaison se prépare simplement, savoir : le sanglier comme le cochon, le chevreuil, le cerf, la biche, le daim, ne se servent ordinairement qu'avec des sauces très-relevées ou marinés.

LE LIÈVRE.

On appelle communément *bouquin* le lièvre mâle qui a pris son accroissement, et la femelle *hase*; un grand levraut se nomme *trois-quarts*. Les meilleurs levrauts sont ceux qui naissent en janvier. Les lièvres qui habitent les plaines humides et marécageuses sont peu estimés. Les meilleurs sont ceux des pays entrecoupés de ruisseaux et de collines où croissent le thym et le serpolet.

LE LIÈVRE OU LEVRAUT ROTI.

Habillez, videz, faites-le refaire sur la braise, ôtez la peau qui couvre les filets, frottez légèrement de son sang et piquez de lard fin sur ces filets et sur les cuisses. Mettez à la broche, et, quand il est cuit, servez-le sur une poivrade. (Voyez ce mot.)

Le râble de lièvre ou de levraut, comme celui du lapin.

CIVET DE LIÈVRE.

On ne met guère en civet que le devant du lièvre, dont on conserve le râble et les cuisses pour les mettre à la broche, d'une seule pièce, ou séparés dans la tourtière.

Coupez en morceaux le devant d'un lièvre, et ôtez soigneusement les esquilles des os cassés par le couperet. Gardez le sang à part. Après avoir passé ces morceaux dans une casserole avec du beurre ou du lard et une bonne pincée de farine, mouillez avec un demi-litre de vin blanc et autant de bouillon ou d'eau; ajoutez un bouquet de persil et de ciboules, une gousse d'ail, sel et poudre d'épices. Faites cuire à courte sauce et liez avec le sang avec ébullition.

LEVRAUT SAUTÉ.

Après avoir dépouillé, vidé et coupé votre levraut en morceaux, passez-le sur le feu avec un morceau de beurre, mettez-y une pincée de farine, le foie, persil, ciboules, échalottes hachées, sel et poivre ; mouillez de bouillon et un verre de vin rouge ; faites cuire sur un feu vif sans remuer. Un bon quart d'heure suffit pour la cuisson : servez avec un filet de vinaigre.

LIÈVRE EN RAGOUT.

Coupez-le par membres, mettez le sang à part, et réservez-en le râble, si vous le jugez à propos. Lardez de gros lard, et faites-cuire dans une casserole avec du bouillon, un demi-litre de vin blanc, bouquet de persil, de ciboules et de thym, deux feuilles de laurier, une gousse d'ail, sel et poudre d'épices. Etant cuit, retirez le foie de la casserole, pilez-le très-fin, délayez avec un peu de bouillon, ajoutez quelques câpres et servez.

DU LAPIN.

Il y a des lapins sauvages et des lapins domestiques que l'on appelle *clapiers*. Pour donner plus de fumet à la chair des derniers, on leur met dans le ventre, aussitôt qu'ils sont tués et vidés, un petit paquet de thym ou de serpolet, ou de mélilot, ou de feuilles de mérisier qu'on nomme *mahaleb* ou bois de sainte Lucie. On pique le lapin, ainsi parfumé pendant vingt-quatre heures, ou on le barde et on le fait cuire à la broche.

LAPINS OU LAPEREAUX ROTIS.

Habillez, videz et mettez dans le ventre ou du mélilot, ou du thym, ou du serpolet, ou des feuilles sèches de mérisier. Vingt-quatre heures après, ôtez ces herbes et remettez les foies ; piquez de lard fin et faites rôtir de belle couleur.

LAPIN EN GIBELOTTE.

Votre lapin dépouillé et vidé, coupez-le en morceaux; mettez dans une casserole un quarteron de beurre et deux cuillerées à bouche de farine; faites un roux dans lequel vous ferez revenir les morceaux de votre lapin; mouillez avec une bouteille et demie de vin blanc; mettez-y des champignons, du petit lard, que vous ferez revenir dans un autre vase, un bouquet garni; faites aller votre ragoût à petit feu, jusqu'à une certaine réduction; ajoutez un peu de sel et de poivre; dégraissez votre ragoût; que votre sauce ne soit ni trop, ni trop peu liée; retirez le bouquet et servez.

RABLES DE LAPINS.

Prenez les râbles de trois lapins dont vous avez coupé la tête et les membres pour les employer en ragoût. Piquez-les de lard fin et mettez-les cuire dans la tourtière sur des bardes de lard, feu dessus et dessous. Etant cuits et de belle couleur, rangez-les côte à côte dans le plat sur leurs bardes; mouillez ce qui reste dans la tourtière avec un peu de jus; mettez-y une pincée de persil blanchi et haché, un peu de sel et de poivre; faites réduire à juste sauce, ajoutez le jus d'un citron ou du verjus, et servez sous les râbles.

LAPIN EN MATELOTTE.

Coupez en morceaux un bon lapin, ayant soin d'enlever exactement les esquilles que le couperet peut avoir faites. Mettez votre lapin dans un roux, mouillé d'abord avec du bouillon, ensuite avec du vin blanc et passé au tamis avec expression; ajoutez un bouquet de persil et de thym, sel, poudre d'épices, une gousse d'ail et une échalotte coupées en tranches. Faites cuire et réduire à juste sauce. Servez la matelotte entourée de mies frites.

LAPEREAU POÊLÉ A LA MINUTE.

Votre lapereau dépouillé, vidé et coupé en morceaux, après en avoir ôté le **mou**, essuyez-le bien, afin qu'il ne reste point de sang.

Mettez fondre dans une poêle, un quarteron de beurre; quand il est un peu chaud, mettez-y votre lapereau, avec sel, gros poivre et un peu de muscade râpée; faites aller à grand feu. Quand les morceaux sont bien raidis, vous y mettez un peu de persil et d'échalottes hachés bien menu; vous les laissez encore trois ou quatre minutes sur le feu. On peut le servir sortant de la poêle, ayant soin qu'il soit d'un bon sel. Un quart d'heure suffit pour faire cuire un lapereau.

FAISANS ET FAISANDEAUX.

Cet oiseau est de la grosseur du coq, originaire de la Colchide, aujourd'hui Mingrélie; il est sauvage encore en beaucoup de pays. Il y a des faisans sauvages et des faisans domestiques : on élève ces derniers dans des endroits entourés de murs élevés, qu'on appelle faisanderies. La chair du faisan offre un aliment sain, nourrissant, facile à digérer. On l'apprête comme le poulet, et le plus souvent on le sert rôti, bardé ou piqué de lard fin, et quelquefois farçi de son foie avec assaisonnements convenables. Il n'est pas nécessaire de dire qu'il faut ôter les pattes et les ailerons; on laisse la tête avec ses plumes et on l'enveloppe d'une papillotte qu'on ôte en servant.

CANARDS SAUVAGES.

Les canards sauvages se servent ordinairement pour rôt, sans être piqués et barbés après les avoir préalablement vidés et flambés. On en fait aussi des entrées; étant cuits à la broche et refroidis, on en tire des filets que l'on met à différentes sauces, comme aux câpres et anchois, en salmis, etc.

DES SARCELLES OU SERCELLES.

Ces oiseaux aquatiques ressemblent à de petits canards, se font cuire à la broche, flambés et vidés, sans être piqués et bardés et se servent pour rôt.

DES ALOUETTES OU MAUVIETTES.

Petit oiseau gris jaunâtre, fort connu en France, surtout dans les mois d'octobre et novembre. On plume les alouettes avec soin, on écorche la tête, on ôte les yeux et l'on coupe les pattes au genou. On les met cuire ordinairement à la broche, piquées ou bardées, moitié l'un et moitié l'autre ; on ne les vide point, et l'on met dessous des rôties de pain pour recevoir ce qui en tombe. On sert les alouettes sur des rôties pour plat de rôt.

Les alouettes s'apprêtent encore en ragoût, en salmis, en caisse, en pâté, etc.

LES RAMIERS OU PIGEONS SAUVAGES.

Le pigeon *ramier*, gros et petit, se nomme *biset* ; il est très-bon quand il est jeune, autrement sa chair est dure et se met en daube ou en pâté. Les jeunes se préparent comme les pigeons domestiques.

DES PERDRIX ET PERDREAUX.

Il y en a de deux espèces, les grises et les rouges. Ces deux espèces ne se croisent point ensemble. La rouge est la plus estimée, surtout celle des provinces méridionales et qui porte le nom de *bartavelle* : les autres sortes sont étrangères à nos climats.

PERDRIX AUX COULIS DE LENTILLES.

Faites-les cuire dans une braise ou dans du bouillon. Servez pour entrée sur une purée de lentilles. (Voy. *ce mot.*)

PERDRIX AUX CHOUX.

Plumez, videz et flambez deux ou trois perdrix ; piquez-les de lardons assaisonnés de sel et gros poivre ; troussez-leur les pattes et bardez-les ; mettez dans une casserole, avec vos perdrix, des bardes de lard, une livre de petit lard bien blanchi et bien nettoyé; un cervelas, quelques tranches de veau; couvrez vos perdrix de bardes de lard, ajoutez quelques carottes et oignons, deux clous de girofle et du laurier; faites blanchir les choux, ficelez-les, pressez-les et mettez-les par-dessus vos perdrix; couvrez-les de bardes de lard, d'un rond de papier beurré, plein deux cuillerées à pot de bouillon; faites-les mijoter pendant deux heures; au moment de servir, égouttez, débridez et dressez-les sur votre plat; égouttez aussi les choux, pressez-les pour les sécher, et dressez-les autour de vos perdrix; coupez votre lard en morceaux, et placez-le de distance en distance sur vos choux avec votre cervelas; mettez dessus une sauce espagnole.

PERDRIX AU JAMBON.

Faites-les cuire à la broche, bardées et farcies de leurs foies hachés avec du lard, persil, ciboules, pointe d'ail, poudre d'épices, peu de sel et des truffes, si vous en avez. Foncez une casserole de tranches de jambon; faites suer et attacher avec une pincée de farine; mouillez de jus, ajoutez un bouquet de persil et faites mitonner. Dressez les perdrix, le jambon autour et la sauce par-dessus.

OILLE OU POTAGE DE PERDRIX AUX MARRONS.

Lardez-les de gros lard, et faites-les cuire à demi à la broche. Empotez une tranche de bœuf avec un jarret de veau, pour en faire du bouillon. Passez des marrons à la poêle percée pour les peler, sans qu'ils soient rissolés; mettez-les cuire avec les perdrix dans le pot à bouillon, pendant vingt minutes. Passez ensuite votre bouillon sur des croûtes dans un pot à oille; faites un cordon de marrons autour du potage, et mettez les perdrix dans le milieu.

BÉCASSES, BÉCASSINES ET BÉCASSEAUX.

Ce gibier se sert cuit à la broche pour rôt; on le sert piqué, bardé avec des feuilles de vigne; on ne le vide point, on met dessous des rôties de pain pendant sa cuisson pour recevoir ce qui en tombe, et on sert sur les rôties.

BÉCASSES EN SALMIS FROID.

Découpez par membres; délayez le dedans avec de l'huile fine, sel, poivre, le jus de deux ou trois citrons et quelques zestes. Mangez.

CAILLE ET CAILLETEAUX.

Ces oiseaux se servent cuits à la broche, pour rôt : à cet effet, on les plume, on les vide, on les fait refaire sur la braise, on les enveloppe de feuilles de vigne, et on les barde de lard.

Ils se servent aussi en entrées, mais alors ils subissent les préparations des grandes cuisines, qui sont trop dispendieuses pour une table bourgeoise.

L'ORTOLAN.

On mange les ortolans cuits à la broche à un feu un peu vif et arrosés du feu d'enfer; il ne faut que quelques minutes pour les cuire. On les mange aussi après les avoir fait tremper cinq à six minutes dans du bouillon ou du jus bouillant, car ils sont si délicats, que cette courte application d'une chaleur légère suffit pour les cuire parfaitement. Bouillis ou rôtis, on les assaisonne avec le sel, le poivre et le jus de citron; mais, malgré ce correctif, il est peu de personnes qui puissent en manger une certaine quantité sans en prendre du dégoût. Deux ou trois suffisent aux estomacs délicats.

DES GRIVES.

Celles dont les oiseleurs prennent le plus sont la

grosse grive ou *haute grive*, ou *tourdelle*, la *petite grive*, ou *grive commune* et la *grive rouge* ou *roselle* dite *de Champagne*, dont le dessous de l'aile est rougeâtre et qui est plus petite que la grive commune. Toutes sont recherchées pendant le mois d'octobre, quand la graisse de leur chair la rend plus délicate.

On les mange ordinairement rôties sans les vider, après les avoir plumées proprement, les pattes coupées au genou, la tête écorchée et les yeux ôtés. On met dans la lèchefrite des tranches de mie de pain pour recevoir ce qui en tombe; on les fait rôtir, en les arrosant à un feu un peu vif; et quand la tête est blanche, on les sert promptement sur les rôties.

DES PLUVIERS.

Oiseau dont on distingue trois espèces : *le pluvier vert, le gris et le criard.* Tous sont recherchés par les amateurs, qui n'ignorent pas ce proverbe;

> Qui n'a mangé ni vanneau ni pluvier,
> Guère ne sait ce que vaut le gibier.

On le sert rôti, sans être vidé.

DU SANGLIER.

Le sanglier subit, à peu de chose près, les mêmes préparations que le cochon domestique; la seule différence qui existe entre les deux, c'est qu'on marine le sanglier, et qu'on sale le cochon.

DU CHEVREUIL.

Le chevreuil ne s'emploie guère en cuisine que mariné, et on ne le sert ordinairement qu'avec des sauces très-relevées.

Le cerf et la biche, le faon et le daim s'accommodent comme le chevreuil; mais on en fait peu d'usage dans les cuisines ordinaires.

CHEVREUIL A LA BROCHE.

Prenez une longe de *chevreuil,* piquez-la de menu

lard, et faites-la cuire à la broche, un peu rouge.
Servez dessous une sauce faite avec un roux léger
d'oignons et de farine, mouillé d'abord avec un peu
d'eau chaude et ensuite avec du vinaigre aux fines
herbes; faites bouillir après avoir ajouté sel et poudre
d'épices; passez au tamis, et ajoutez, si vous voulez,
deux anchois lavés et hachés.

On peut de même faire rôtir l'épaule ou une partie
du filet. On apprête encore le chevreuil à l'étuvée,
comme on peut le voir à l'article *Civet*.

PERDRIX EN FRICANDEAUX.

Après avoir piqué tout le dessus de vos perdrix
avec du lard fin, vous les faites cuire de la même manière que le fricandeau de veau, p. 40.

FILETS DE LIÈVRE EN CIVET.

Vous prenez un lièvre rôti que l'on a desservi de la
table, levez-en toutes les chairs et les coupez en filets,
concassez un peu les os et les mettez avec les flancs
dans une casserole, avec gros comme la moitié d'un
œuf de beurre, quelques oignons en tranches, une
gousse d'ail, une feuille de laurier, deux clous de girofle; passez-les sur le feu et y mettez une bonne pincée de farine; mouillez avec un verre de bouillon et
deux verres de vin rouge, sel, poivre; faites bouillir
une demi-heure et réduire à moitié, passez la sauce
au tamis, mettez-y les filets de lièvre avec un peu de
vinaigre, faites chauffer sans bouillir.

LAPEREAUX A L'ESPAGNOLE.

Faites-les cuire étant coupés par membres avec un
demi-verre de vin blanc, un peu de bouillon, un
bouquet garni, sel, poivre, ensuite vous les servirez
sur une sauce à l'espagnole. (Voy. à l'article Sauces.)

INSTRUCTIONS SUR LES MEILLEURES MANIÈRES

DE TROUSSER LA VOLAILLE ET LE GIBIER.

Lorsque vous plumez une volaille, ayez le plus grand soin de bien ôter tous les petits tuyaux.

Lorsque vous en viderez une, quelle qu'en soit l'espèce, ayez les plus grandes précautions pour n'en pas crever le fiel, car il vous serait impossible de retirer l'amertume qu'en recevrait la chair, si cet accident arrivait. Ayez également soin de ne pas déchirer les intestins qui touchent au gésier; la malpropreté qu'il contient se répandrait à l'intérieur.

TROUSSAGE DES DINDONS.

Commencez par bien plumer le dindon; brisez le bout des pattes et tirez les nerfs afin de pouvoir pendre par-là le dindon à un croc; coupez le cou tout près du dos, mais ayez soin de laisser la peau du jabot assez longue pour recevoir le dos; alors ôtez le jabot et détachez le foie et le fiel en introduisant le doigt du milieu par le gosier; ensuite coupez l'anus et ôtez les boyaux; tirez le gésier avec un crochet pointu, et le foie viendra avec; ayez bien soin de ne pas crever le fiel; essuyez le dedans avec un linge mouillé, ensuite coupez l'os de la poitrine près du dos des deux côtés; relevez les pattes jusqu'au jabot; alors mettez un linge sur la poitrine et battez le brechet avec un rouleau jusqu'à ce que vous l'ayez aplati. Si le dindon est troussé pour bouillir, coupez tout à fait les pattes; mettez en dedans votre doigt du milieu, levez la peau des pattes et mettez-les dans le ventre du dindon; passez une brochette dans la jointure de l'aile et le joint du milieu de la cuisse, et faites-la traverser le corps, l'autre aile et l'autre cuisse; il faut mettre le foie et le gésier dans les ailerons, mais il faut auparavant ouvrir le gésier, en ôter toute la poche et ôter aussi le fiel et le foie.

Alors retournez le bout des ailes sur le dos et tournez une ficelle autour des cuisses pour maintenir le tout en place.

Si le dindon doit être rôti, laissez-lui les pattes; passez une brochette dans la jointure de l'aile, troussez-lui les pattes, mettez-y une brochette qui en traverse le milieu et le corps; faites de même de l'autre côté; embrochez dans la grande broche, après y avoir mis le *sidesman*, et arrêtez-le en place; mettez le foie et le gésier entre les ailerons et tournez la pointe de l'aileron sur le dos; ensuite mettez au-dessus des ailerons une autre brochette qui traverse tout le dindon. (Voyez fig. 29.)

POUR LES DINDONNEAUX.

Séparez le cou de la tête et du corps, mais ne touchez pas à la peau du cou; il faut les vider de la même façon que les dindons. Mettez une brochette à travers la première jointure de l'aileron; troussez bien les pattes; faites-y passer une brochette jusqu'au travers du corps et faites de même de l'autre côté; coupez la partie inférieure du bec, tortillez la peau du cou autour et mettez la crête à la pointe de la brochette avec la partie supérieure du bec; embrochez dans votre grande broche après y avoir mis le *sidesman;* fixez le tout en place comme nous venons de le dire dans l'article précédent, et coupez le bout des pattes; vous pouvez employer ou supprimer le gésier et le foie, à votre volonté; il est assez ordinaire de larder les dindonneaux sur l'estomac.

POUR LES OIES ET LES CANARDS.

Plumez et nettoyez parfaitement votre oie; alors coupez-lui les pattes et les ailerons à la première jointure ; coupez le cou jusqu'au dos, mais laissez la peau du cou assez longue pour rabattre sur le dos ; ôtez tout à fait le cornet et faites un nœud au bout ; avec votre doigt du milieu détachez le foie et les autres intestins qui sont dans l'estomac, et faites une ouverture entre l'estomac et le croupion ; ôtez toutes les entrailles, excepté les poumons ; nettoyez bien votre oie avec un linge mouillé et battez l'estomac avec un rouleau ; mettez une brochette dans l'aile et attachez les cuisses ; passez-y une brochette dans le milieu qui traverse tout le corps et faites de même de l'autre côté ; embrochez votre oie dans la grande broche garnie du *sidesman ;* passez une brochette dans le bas de chaque cuisse, de manière qu'elle passe dans chacun des trous du *sidesman* qui se trouve près des pointes ; coupez le bout de l'anus et faites un trou assez grand pour le passage du croupion ; par ce moyen, il gardera mieux l'assaisonnement. On trousse les canards de la même façon, excepté qu'on leur laisse les pattes et qu'on les trousse serrés contre les cuisses.

POUR LES PIGEONS.

Quand vous les aurez bien plumés, coupez l'anus et ôtez les boyaux et le gésier ; mais laissez le foie dedans, car un pigeon n'a pas de fiel. Si les pigeons sont pour rôtir, coupez les ergots, fendez une des pattes et passez l'autre dedans ; remontez les cuisses jusqu'aux ailerons ; mettez une brochette qui traverse les cuisses et une qui traverse les ailes ; avec le manche d'un couteau aplatissez l'estomac ; nettoyez le gésier, mettez-le dans un des ailerons et tournez les pointes sur le dos. Si l'on a l'intention de mettre les pigeons en pâté, il faut en couper les pattes à la jointure, tourner les cuisses et les fixer dans les côtés tout près des ailerons ; s'ils sont destinés à être fricassés ou bouillis, il faut les arranger de la même manière.

MANIÈRE DE TROUSSER LES POULETS.

Après avoir plumé un poulet, coupez le cou près du dos; ensuite ôtez le jabot, et, avec le doigt du milieu, détachez le foie et *les autres* intestins; fendez l'anus, lavez-le bien et aplatissez les os de l'estomac avec un rouleau. Si la pièce est destinée à être bouillie, coupez le bout des pattes; fendez légèrement les nerfs de chaque côté des jointures; troussez les pattes dans le ventre par l'anus et aplatissez le croupion; ôtez la peau des pattes, mettez une brochette à la première jointure de l'aile et attachez-le au milieu de la cuisse de part en part; faites qu'elle traverse le corps et opérez de même de l'autre côté; nettoyez le gésier et le foie et mettez-les dans les ailerons, et ournez la pointe de l'aileron sur le dos. Si le poulet est pour rôtir, coupez le bout des pattes; mettez une brochette dans la première jointure des ailes et atta-chez serré le milieu des cuisses; piquez la brochette

Fig. 29.

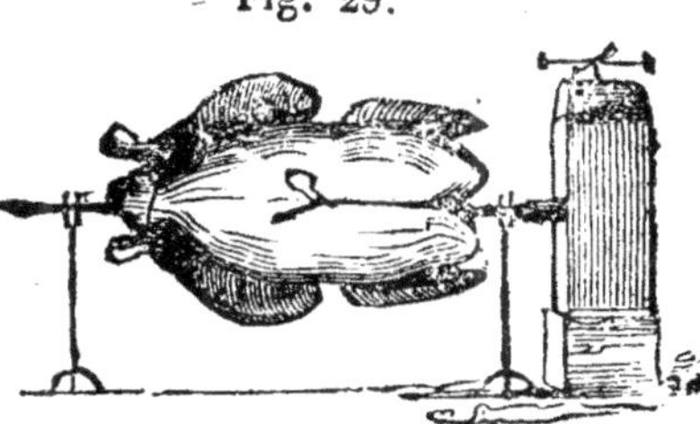

dans le milieu des cuisses; faites-la passer au travers du corps et opérez de même de l'autre côté. Prenez une brochette à deux pointes; passez-y la grande broche et enfilez-la par l'anus de la volaille, de manière que les pointes du *sidesman* (1) piquent les côtés de votre volaille et la tiennent ainsi fixée en place. Nettoyez et lavez le gésier et le foie; mettez-les dans les ailerons; tournez les pointes sur le dos et relevez la peau de l'estomac sur le cou. (Voy. la fig. 29.)

(1) *Sidesman*, brochette à deux pointesaiguës qui sert à fixer la volaille à la grande broche.

POUR TROUSSER POULES, POULARDES ET CHAPONS.

Plumez, videz, battez l'estomac de ces volailles. Si les pièces sont pour bouillir, coupez le bout des pattes et troussez-les jusqu'aux cuisses; passez votre doigt dans l'anus et levez la peau des pattes; alors faites un trou au haut de la peau et mettez les pattes dessous; passez une brochette dans la première jointure de l'aileron; attachez le milieu de la cuisse très-serré et faites-y passer une autre brochette jusqu'à ce qu'elle traverse tout le corps. Opérez de même de l'autre côté; lorsque vous aurez ouvert le gésier, ôtez-en la poche et ôtez de même l'amer du foie; mettez le gésier et le foie dans les ailerons; tournez les pointes sur le dos et attachez-les avec une ficelle sur le haut des cuisses pour les maintenir en place.

Si la pièce est pour être rôtie, passez une brochette dans la première jointure de l'aile et attachez le milieu de la cuisse serré; mettez une brochette à travers le milieu de la cuisse et faites-la passer au travers du corps; faites de même pour l'autre côté; embrochez par l'anus dans la grande broche, après y avoir mis le *sidesman,* dont vous serrez l'écrou; coupez les ergots des pattes. (Voy. fig. 29.)

POUR LES BÉCASSES ET BÉCASSINES.

Il faut prendre beaucoup de soin en plumant ces oiseaux, parce qu'ils sont extrêmement tendres, surtout quand ils ne sont pas très-frais; il faut, par conséquent, beaucoup de précautions pour les manier; quelquefois la chaleur de la main suffit pour détacher la peau et cela leur ôte absolument leur belle apparence. Plumez-les bien proprement, coupez les ailerons à la première jointure, et, avec le manche d'un couteau, aplatissez-en la poitrine; attachez les pattes ensemble au bas des cuisses; faites que les cuisses touchent aux ailerons ; mettez à l'aileron une brochette qui traverse la cuisse tout le long du corps et faites de même de l'autre côté ; ôtez la peau de la tête, ôtez-en aussi les yeux, et mettez-la à la pointe de la brochette avec le bec touchant à la poitrine. N'oubliez pas qu'il ne faut jamais vider ces oiseaux.

POUR TROUSSER LES FAISANS ET PERDRIX.

Plumez-les bien ; faites une fente derrière le cou et ôtez le jabot avec votre doigt du milieu ; détachez et ôtez le boyau qui tient à l'estomac ; alors coupez l'anus, coupez les ailerons à la première jointure et nettoyez-le dedans avec les ailerons que vous avez coupés ; battez l'estomac avec un rouleau ; mettez une brochette dans l'aile et attachez le milieu des cuisses ; alors faites passer une brochette au travers des cuisses et une autre au travers des ailes, tortillez la tête et amenez-la à la pointe de la brochette pour que le bec touche à la poitrine ; mettez la grande broche dans le *sidesman ;* embrochez et arrêtez le tout avec une brochette qui passe dans le *sidesman ;* serrez les pattes ensemble. Si vous désirez que votre faisan ait une belle apparence, surtout si c'est un mâle, laissez les jolies plumes de la tête, et couvrez-les légèrement avec du papier pour empêcher que le feu ne les altère. Vous pouvez aussi garder les longues plumes de la queue pour les ficher dans le croupion quand il sera rôti.

Si le faisan est pour bouillir, arrangez-le de la même façon qu'une volaille. On trousse de la même manière tout gibier de cette espèce.

POUR LES MAUVIETTES.

Plumez-les bien proprement ; coupez-leur la tête et les ailerons à la première jointure ; aplatissez l'estomac ; fendez une des pattes et mettez l'une dans l'autre; ôtez le gésier et faites passer une brochette au travers du milieu du corps de toutes vos mauviettes; attachez bien la brochette à la grande broche, quand vous les ferez rôtir. Il faut trousser de la même manière tous les autres petits oiseaux.

POUR LES OISEAUX SAUVAGES.

Plumez-les bien partout; coupez le cou tout près du dos, et, avec votre doigt du milieu, détachez le foie et le boyau qui touche à la poitrine; coupez les ailerons à la première jointure; ensuite faites une ouverture entre l'anus et le croupion et videz-les; nettoyez-les proprement avec les longues plumes des ailes; coupez le bout des pattes et attachez-les ensemble au bas des cuisses; passez une brochette dans les cuisses contre la poitrine et une autre à travers les cuisses; coupez l'anus et faites passer par là le croupion. Tous les oiseaux sauvages, de quelque espèce qu'ils soient, doivent être troussés de cette manière.

POUR LE LIÈVRE, LE FAON, LE LAPIN, ETC.

Otez les quatre pattes à la première jointure, levez la peau de derrière et tirez-la sur les pattes de derrière; laissez la queue entière, tirez la peau sur le dos et dépouillez les cuisses; coupez la peau du cou et de la tête, mais ayez soin de laisser les oreilles, et souvenez-vous de les écorcher; ôtez le foie et les autres intestins; coupez les nerfs qui se trouvent sous les cuisses; approchez les épaules; mettez alors une brochette qui perce la cuisse et qui traverse l'épaule sous la jointure et tout le long du corps; faites de même de l'autre côté; mettez une autre brochette qui traverse la cuisse et le corps; mettez la tête entre les épaules et fixez-la par une brochette; mettez une brochette à chaque oreille pour les faire tenir droites, et passez au milieu du corps une ficelle qui entoure les cuisses et tienne tout en place.

Un jeune faon se trousse absolument de la même manière, excepté qu'on ui coupe les oreilles. Les lapins sont aussi arrangés de la même façon que les lièvres : observez seulement de leur couper les oreilles tout près de la tête; faites une ouverture à l'anus et abattez les pattes à un pouce environ de distance du croupion; aplatissez les cuisses et attachez les épaules; mettez de chaque côté une brochette qui traverse la cuisse, l'épaule et le corps : retournez la tête et embrochez-la. Si vous voulez en faire rôtir deux ensemble, troussez-les dans toute leur longueur avec six brochettes qui passeront à travers leurs corps, afin de les tenir fermes sur la grande broche.

MANIÈRE DE PRÉPARER LA VOLAILLE AVANT DE LA FAIRE CUIRE.

Lorsqu'on met sa volaille sur le feu aussitôt qu'elle est morte, si même on n'attend que quelques heures, quelques précautions que l'on prenne ensuite pour la faire rôtir ou bouillir, il est impossible de la servir tendre et délicate. Celle qu'on veut servir à dîner doit être au moins morte la veille; et celle que l'on veut servir le soir doit être tuée le matin de très-bonne heure, si l'on n'a pas la précaution de la tuer la veille avant le coucher. Dès que la volaille est morte et qu'elle cesse de saigner, il faut, avant de la plumer, la mettre dans un pot ou baquet assez rempli d'eau froide pour qu'elle baigne entièrement dedans. On la laisse jusqu'au lendemain ou jusqu'au soir, enfin jusqu'au moment de s'en servir; alors on la retire pour la tremper dans l'eau bouillante; on la plume facilement, et on l'emploie à l'usage auquel on la destine. Moyennant ces préparatifs, votre volaille sera tendre, blanche et d'un goût exquis.

DES POISSONS D'EAU DOUCE.

Les poissons d'eau douce employés en cuisine sont le brochet, l'anguille, la carpe, la truite commune et saumonnée, le perche, la lotte, la tortue, la lamproie, le meunier, le barbillon, le goujon, la brême et l'écrevisse.

COURT-BOUILLON POUR TOUS LES POISSONS D'EAU DOUCE EN GÉNÉRAL.

Mettez dans une casserole un morceau de bon beurre avec des oignons coupés en tranches et des carottes en lames, deux feuilles de laurier, deux ou trois clous de girofle, deux gousses d'ail, du thym, du basilic et un peu de gingembre, si vous le jugez à propos ; passez le tout sur un feu un peu ardent pour donner à vos légumes un peu de couleur ; faites en sorte que le fond de votre casserole soit un peu attaché ; mouillez-les avec deux ou trois bouteilles de bon vin ; si vous désirez que votre court-bouillon soit au gras, vous y mettez un fond de graisse ; faites-le bouillir et servez-vous-en.

Les poissons d'eau douce se mangent frits, en matelotte ou en fricassée de poulets, en fricandeau, à la sauce blanche, sautés au court-bouillon, etc. les anguilles se dépouillent ; des grenouilles on ne mange que les cuisses en fricassée de poulets ou frites, ainsi que les escargots ; les écrevisses se font simplement bouillir, et se mangent en rémoulade.

LE BROCHET.

Ce poisson se trouve dans toutes les riviéres, les lacs, et les étangs de l'Europe. On lui donne différents noms, suivant sa grosseur ; les plus petits s'appellent *brochetons* ou *lançons* ; les moyens, *brochets*, et les gros, *brochets-carreaux*. Les brochetons se mangent frits, en matelotte ou en fricassée de poulets, et quand le brochet passe le poids de deux livres, on l'accommode d'une infinité de manières dont les principales sont décrites ci-après.

Le foie du brochet est un manger délicat; on mange aussi les laites, mais on doit rejeter les œufs qu'on regarde comme un violent purgatif, et qui sont au moins très-difficiles à digérer.

La tête du brochet se nomme *hure*; mais ce n'est pas la partie de ce poisson la plus estimée; c'est la queue, suivant ce précepte :

A caudâ lucium, carponem à capite lauda,
Préfère la queue du brochet et la tête de la carpe.

par lequel on voit que la tête de la carpe est au contraire le morceau qu'il faut choisir.

BROCHET A LA BROCHE.

Ecaillez, videz et lavez proprement, ayant soin de détacher la membrane vertébrale et le sang qui est dessous; jetez les intestins, à l'exception du foie dont vous détachez le fiel sans le crever ; essuyez légèrement et remplissez le brochet de branches de persil ou d'une farce faite avec des oignons coupés en dés et cuits au beurre sans être roux, trois œufs entiers, le foie et la laite du poisson hachés, champignons ou mousserons aussi hachés, sel et poudre d'épices. Piquez le brochet de menu lard d'un côté seulement, et enfilez-le d'une brochette que vous attacherez à la grande broche, le côté piqué en dehors. Enveloppez-le d'un papier blanc; faites cuire en arrosant avec du beurre fondu et mêlé avec du vin blanc. Etant presque cuit, ôtez le papier, pour lui faire prendre couleur. Faites la sauce avec un petit roux que vous mouillez de celle de la lèchefrite, dans laquelle vous avez délayé deux anchois; passez au tamis, ajoutez le jus d'un citron et servez sous le brochet.

BROCHET EN FRICANDEAU.

Ecaillez, fendez par le ventre, videz et lavez, coupez par tronçons de cinq à six pouces de longueur, ce qui suppose un brochet de trois à quatre livres, et piquez-les d'un côté de lard fin, mettez les tronçons dans une casserole, le lard en dessus, avec un jarret de veau, bouquet de persil, sel, poudre d'épices et une gousse d'ail. Faites cuire doucement, tirez-les quand ils sont cuits, et continuez à faire bouillir le jarret jusqu'à ce qu'il se déchire; alors ôtez-le, passez la sauce au tamis, faites-la réduire en glace, glacez vos tronçons, arrangez-les sur le plat bout à bout ou à côté les uns les autres. Versez le reste de la glace et du bouillon dans lequel vous aurez fait cuire des champignons ou des mousserons.

FILETS DE BROCHETS SAUTÉS.

Ecaillez, videz et lavez un brochet moyen, d'une ou deux livres ; coupez-le par tronçons et parez-en les filets. Mettez ces filets dans le sautoir avec du persil et de la ciboule hachés, du sel et de la poudre d'épices; faites fondre du beurre et versez-le sur vos filets. Quand on voudra servir, mettez le sautoir sur un feu vif, et quand le beurre bout, retournez les filets. Etant cuits, inclinez le sautoir pour les séparer du beurre, dressez-les et versez par dessus une sauce tomate ou une sauce italienne.

DE L'ANGUILLE.

On peut servir l'anguille grillée, à la sauce Robert, à la sauce rousse, à la sauce verte, à la sauce au beurre noir; il faut d'abord l'ouvrir après l'avoir écorchée depuis l'anus jusqu'à la tête, que l'on jette, laver et nettoyer proprement le long de l'arête. Cette précaution est indispensable dans tous les poisons, et surtout dans l'anguille.

ANGUILLE A LA MATELOTTE.

Coupez par tronçons de deux pouces, et mettez ces tronçons dans un roux de farine et d'oignons (voy. *Roux*) avec un demi-litre de vin blanc, des échalottes et une gousse d'ail hachées ou coupées menu, persil haché, champignons ou mousserons, sel et poudre d'épices. Faites cuire vivement, et servez à sauce un peu courte, avec des mies frites.

ANGUILLE EN FRICASSÉE DE POULETS.

Coupez-la par tronçons de deux pouces ; mettez ces tronçons dans une casserole avec du beurre frais, un bouquet de persil, des champignons, et une bonne pincée de farine. Tournez un moment sur le feu et mouillez avec moitié eau et moitié vin blanc ; salez et proivrez. L'anguille étant cuite sans être déchirée, et la sauce réduite à la quantité convenable, liez-la, sans la faire bouillir avec deux jaunes d'œufs délayés avec de la crême.

ANGUILLE SUR LE GRIL.

Coupez-la par tronçons de quatre à cinq pouces, et faites cuire ces tronçons dans un chaudron bien étamé, avec de l'eau, du persil, une gousse d'ail, du sel et du poivre. Etant cuits sans être déchirés, laissez-les refroidir, trempez-les dans un œuf battu, panez de mie fine et faites griller de belle couleur. Servez ensuite sur une sauce faite avec deux ou trois jaunes d'œufs durs délayés dans de l'huile d'olive et du vinaigre aux fines herbes ; à quoi l'on ajoute du sel, du poivre, et un peu de moutarde, toutefois si on l'aime.

ANGUILLE A LA TARTARE.

Dépouillez votre anguille, coupez-la par tronçons plus ou moins gros ; faites-la cuire dans du court-bouillon avec un peu de sel; lorsqu'elle est froide, vous l'égouttez dans la mie de pain; vous repassez de nouveau à l'anglaise, et lui faites prendre couleur sur le gril; dressez-la sur un plat, et mettez dans une saucière une rémoulade, dans laquelle vous incorporez la cuisson réduite de l'anguille.

DE LA CARPE.

La carpe est un poisson d'eau douce dont on fait le plus d'usage en cuisine. Quand la carpe est grosse, elle se sert au bleu pour un plat de rôt; mêlée avec d'autres poissons, on l'emploie en matelotte; quand elle est seule, sans autres poissons, elle s'appelle étuvée; elle se sert encore frite et de plusieurs façons, soit au gras, soit au maigre.

CARPES FRITES.

Ecaillez votre carpe, fendez-la en deux parties, ôtez-en la laite ou les œufs, farinez-la et mettez-la dans la friture bouillante. Ce n'est que quand la cuisson sera à moitié que vous y mettrez aussi les laites ou les œufs également farinés; servez garni de persil frit.

CARPE AU BLEU.

Videz une carpe, sans lui ouvrir trop le ventre; prenez garde surtout de crever l'amer et d'endommager ses écailles; ôtez-lui ses ouïes sans gâter sa langue, et mettez-la dans une poissonnière; faites bouillir un demi-litre de vinaigre rouge que vous verserez dans une ébullition sur votre carpe, pour lui donner une couleur bleue; mouillez-la d'une braise maigre ou grasse; couvrez-la d'un papier beurré; faites-la cuire à petit feu; sa cuisson achevée, égouttez-la, placez votre carpe sur une serviette bien blanche, proprement arrangée sur votre plat et, après l'avoir couronnée de persil, servez-la.

CARPE GRILLÉE SAUCE AUX CAPRES.

Après avoir écaillé et vidé votre carpe, vous la mettez sur un plat avec du sel, du poivre et de l'huile; passez-la ensuite sur le gril, à un feu modéré; quand elle est grillée à point, vous la dressez sur votre plat, et la masquez avec une sauce aux câpres.

Il y a encore d'autres manières d'apprêter la carpe; mais elles ne méritent pas d'être décrites, et d'ailleurs elles rentrent plus ou moins dans celles que l'on vient d'indiquer.

La brême (poisson approchant de la carpe), la truite commune et la saumonnée s'apprêtent de même.

DE LA TRUITE.

Poisson de rivière qui se plaît dans les eaux vives et limpides. Peut se manger au bleu, grillée, frite, en fricandeau, en fricassée de poulets, à la matelotte. Toutes les sauces lui conviennent, et la meilleure est de n'en point avoir.

DE LA PERCHE.

Poisson de mer et de rivière, à nageoires épineuses. Etant difficile à écailler, on peut la faire cuire avec ses écailles au court-bouillon, l'habiller quand elle est cuite, et la servir sans sauce ou sur une sauce blanche aux câpres, ou avec un ragoût de ris de veau, ou sur un coulis d'écrevisse.

Il faut avoir l'attention, quand on cuit la perche, d'en ôter les œufs qui ne cuiraient pas s'ils restaient dans le corps du poisson, et l'empêcheraient de cuire. On les sert comme garniture, et si l'on veut, on les met sur le gril et on les sert assaisonnés de sel et de poivre. On met à la place des œufs dans le corps de la perche un bouquet de persil, qui sert à l'assaisonnement et conserve la forme du poisson. On fait frire les petites perches.

DE LA TANCHE.

Poisson d'eau douce à nageoires molles, dont la longueur ordinaire est de vingt à vingt-cinq centimètres; ses écailles sont enduites d'une mucosité visqueuse qui le rend glissant comme l'anguille; il se plaît dans les eaux bourbeuses et stagnantes, et il faut le faire dégorger avant de l'apprêter.

TANCHES GRILLÉES.

Ecaillez, videz, lavez, essuyez, incisez légèrement sur le dos des deux côtés, saupoudrez de farine et faites griller en arrosant de beurre tiède. Servez sur une sauce blanche aux câpres ou sur une sauce Robert.

Les tanches se servent à la fricassée de poulets, ou au roux c'est ce qu'on nomme *tanches en compote,* si on y emploie du vin, c'est une matelotte.

Les tanches se servent aussi en friture.

TANCHES AUX FINES HERBES.

Faites limoner vos tanches quelques instants dans l'eau bouillante, puis écaillez-les, sans les écorcher et videz-les; faites-les mariner quelques heures dans de l'huile assaisonnée d'épices et fines herbes; faites-les cuire sur le gril avec leur marinade, le tout enveloppé dans du papier : en les dressant sur le plat, vous ôterez le papier et les servirez avec telle sauce qui vous conviendra.

DE LA LOTTE OU BARBOTE.

On mange la lotte de diverses manières, la meilleure est de la faire frire. Pour cela, videz et lavez; remettez les foies dans le corps, et faites mariner pendant une heure avec vinaigre, sel et poivre. Essuyez, farinez et faites frire de belle couleur. Servez à sec sur une serviette.

LOTTES A LA SAUCE BLANCHE.

Videz, lavez et coupez en deux ou trois tronçons;

faites cuire dans un chaudron étamé, avec de l'eau, du sel, du persil et une gousse d'ail. Ne les laissez pas languir sur le feu. Quand elles sont cuites, dressez-les avec leurs foies dans une sauce faite et liée sur le feu avec du beurre, une pincée de farine, un filet de vinaigre, peu de sel, de la poudre d'épices, un anchois écrasé et une pincée de câpres, le tout amalgamé avec deux ou trois cuillerées de leur court-bouillon et versé sur les tronçons.

L'on glace les lottes en fricandeaux, à l'étuvée, à la poulette.

DE LA LAMPROIE.

La lamproie ressemble à l'anguille; il y en a de mer et de rivière, c'est un poisson long, gluant et cartilagineux; il a de chaque côté du corps sept trous ronds qui lui servent d'ouïes.

On l'échaude comme la lotte et la tanche, mais dans une eau bouillante, et quand elle est nettoyée, on coupe la tête qu'on jette, et le reste se divise comme l'anguille. Elle s'accommode de même, et quand on la met en matelotte, on garde le sang qu'on mêle avec la sauce.

DU BARBEAU, DU BARBILLON, DU MEUNIER ET DU GOUJON.

Les œufs du premier ne sont bons à rien. Ces poissons se servent à l'étuvée comme la carpe, excepté le goujon qui se sert frit.

DES ÉCREVISSES.

Celles de la Seine et du Rhin sont estimées les meilleures; elles se mangent communément cuites dans un court-bouillon; quand elles sont cuites, on les dresse sur une serviette avec du persil.

On fait aussi d'excellents coulis de coquilles d'écrevisses. Les queues servent ordinairement à garnir les entrées, ou à border un plat à potage d'écrevisse.

DES GRENOUILLES.

Il n'y a que les cuisses de bonnes, en sorte qu'il faut absolument leur couper les pattes et le corps. Elles se mangent communément en fricassée de poulets; on peut de même les faire cuire dans un roux léger d'oignons et de farine, mouillé avec du vin blanc et réduit à courte sauce.

GRENOUILLES FRITES.

Vos cuisses de grenouilles étant écorchées, nouées et coupées, faites-les mariner avec un peu de vinaigre, une échalotte coupée en tranches et quelques feuilles de persil : une heure suffit. Trempez-les ensuite dans une pâte à frire et mettez-les une à une dans une friture bien chaude, autant que la poêle en peut contenir; retournez-les pendant qu'elles cuisent, et quand elles sont de belle couleur, servez-les en pyramides, garnies de persil frit. Article *Bouillon*, voyez *Bouillon de grenouilles*.

DES ESCARGOTS DE VIGNE.

Lorsqu'on veut s'en servir en cuisine, il faut auparavant leur faire subir la préparation suivante : Pour les faire sortir de leurs coquilles et les bien nettoyer, jetez une bonne poignée de cendres dans un chaudron à moitié rempli d'eau de rivière; quand elle commence à bouillir, mettez dedans les escargots, et laissez-les-y vingt minutes environ; quand ils se tirent aisément de leurs coquilles, nettoyez et remettez-les encore dans une nouvelle eau fraîche, dans laquelle vous les laisserez bouillir un instant; égouttez-les ensuite pour les accommoder comme bon vous semblera.

DES ESCARGOTS EN FRICASSÉE DE POULETS.

Mettez vos escargots ainsi préparés dans une casserole avec un morceau de beurre, un bouquet de persil, ciboules, thym, laurier, champignons; ajoutez-y une pincée de farine; mouillez avec du bouillon un verre de vin blanc, sel, poivre; laissez cuire jusqu'à ce que les escargots soient moelleux et qu'il reste un peu de sauce; avant de servir, mettez-y une liaison de trois jaunes d'œufs avec de la crême; faites lier sans bouillir; ajoutez-y un peu de vinaigre blanc avec de la muscade.

MATELOTTE.

Les poissons qu'on préfère pour composer une bonne matelotte, sont : la carpe, le barbillon, la tanche, la lotte et l'anguille; écaillez, videz et nettoyez-les bien, coupez-les par tronçons. Faites dans votre casserole un roux avec du beurre, dans lequel vous faites revenir du lard de poitrine coupé par petits carrés; dès que le lard aura pris couleur, vous le retirez pour faire roussir à sa place de petits oignons et des champignons, que vous retirerez de même dans une assiette. Finissez alors votre roux avec de la farine, versez une quantité de vin suffisante pour la cuisson du poisson; ajoutez sel, poivre, clous de girofle, bouquet de persil, thym, laurier et gousse d'ail. Augmentez votre feu, et quand votre vin bouillira, vous mettrez vos poissons dans la casserole, les têtes et les plus gros morceaux dessous et les petits en dessus; vous recouvrirez le tout de vos morceaux de lard, oignons et champignons. Faites cuire à grand feu, pendant dix minutes environ; goûtez votre sauce, ajoutez de l'assaisonnement s'il est nécessaire. Achevez la cuisson en y jetant un morceau de beurre manié de farine, ou quelques tranches de pain rôti et un petit verre d'eau-de-vie. En dressant sur le plat, on range les croûtes de pain les premières, les plus beaux morceaux de poisson dessus, et on orne le tout d'une douzaine d'écrevisses cuites d'avance.

DES POISSONS DE MER ET DE FLEUVES.

On comprend sous cette dénomination le turbot, la barbu e , le saumon, l'esturgeon , l'alose, le cabillaud ou morue fraîche , la morue salée, la merluche, la limande, le carrelet, la sole, la plie, le mulet ou surmulet, l'éperlan, le maquereau, le thon et la thontine, la vive, la macreuse, la sardine, le hareng frais, le rouget, le merlan, l'anchois, le bar, le vaudreuil, la lubine.

En coquillages : l'écrevisse de mer, les homards et langoustes, les moules et les huîtres.

Le poisson de mer, bien que vivant dans une eau âcre et salée, a la chair tellement douce qu'il s'apprête aux sauces les plus relevées, lorsque préalablement on ne l'a pas salé pour le conserver, comme la morue, le hareng et la sardine.

Alors seulement, sauce blanche, beurre noir , maître d'hôtel sont les principaux systèmes employés pour le préparer.

Les homards se mangent en rémoulades ; les moules simplement à l'eau avec un peu de sel, ou à la poulette.

DU TURBOT ET DE LA BARBUE.

La barbue ne diffère du turbot que par sa grosseur. Sa chair est encore plus estimée, elle se prépare de la même façon.

TURBOT AU COURT-BOUILLON.

Après avoir ôté les ouïes, faites une ouverture au ventre du côté noir, et otez-en les boyaux de même côté. Enlevez, par le moyen d'une incision sur le dos, un nœud de son arête. Bridez-lui la gueule avec une aiguille, et frottez-le avec du citron, afin qu'il soit bien blanc; faites-le cuire dans une eau de sel légère et tirée à clair; une heure suffit: prenez bien garde qu'il ne bouille; vous l'égouttez un quart d'heure; avant de servir, et après l'avoir débridé, vous le mettéz sur une planche couverte d'une serviette; vous garnissez les parties défectueuses avec du persil en branches; comme on le préfère à l'huile, mettez une sauce blanche dans une saucière: dans cette sauce, il doit y avoir un beurre d'anchois.

DU SAUMON.

Le saumon se coupe en tranches ou bardes; on le fait mariner avec huile, sel et poivre; après quoi on le fait griller; on sert ordinairement dessus des sauces au beurre.

On le sert aussi cuit au court-bouillon, avec les même sauces ou ragoûts.

En l'employant pour un plat de rôt, on ne l'écaille point; quand il est cuit, on le met à sec sur une serviette et du persil vert autour.

Si on l'emploie pour entrée, on l'écaille et on laisse le morceau entier comme rôt.

SAUMON A LA BROCHE.

Coupez-le par tranches épaisses ou par tronçons, piquez-les au dos de lard fin; mettez mariner pendant six heures dans l'huile bien assaisonnées d'épices et fines herbes; attachez à une brochette de bois vos tranches de saumon séparées par un morceau de pain de même largeur et de l'épaisseur d'un pouce; fixez cette brochette à votre broche, faites cuire devant un feu doux, en les arrosant d'huile ou du beurre, et servez avec rémoulade ou poivrade, ou bien sans sauce avec filet de vinaigre ou jus de citron.

DE L'ESTURGEON.

La chair de ce poisson a beaucoup de consistance,

après l'avoir vidé et lavé, on le fait cuire dans une poissonnière, on le masque d'une poêle aromatisée que l'on mouille avec du vin, et qu'on met sur le poisson. Il se sert cuit a la broche ; on le fait mariner alors deux ou trois heures ; on peut aussi le faire cuire au court-bouillon, comme le saumon, et le servir avec les mêmes sauces.

DE L'ALOSE.

Les aloses se servent entières ou par moitié ; si on les emploie pour un plat de rôt, alors on les vide et on ne les écaille pas, on les fait cuire dans un court-bouillon ; si on les sert pour entrée, alors on les écaille et on les assaisonne d'une sauce aux câpres, à l'huile, ou à l'italienne.

DU CABILLAUD OU MORUE FRAICHE.

Elle se fait cuire dans une eau de sel. Videz votre cabillaud et lavez-le ; faites une eau bien salée, parce que ce poisson ne prend pas plus de sel qu'il ne faut ; quand elle sera claire, ficelez la tête de votre cabillaud ; mettez-le dans la poissonnière, et l'eau de sel par dessus ; faites-le cuire à très - petit feu et sans bouillir. Si vous le servez pour relevé, ajoutez-y une sauce à la crème ou une sauce hollandaise. Si c'est pour rôt, servez-le à sec sur un plat, sur lequel il y aura une serviette, et des feuilles de persil alentour.

DE LA MORUE SALÉE.

Après l'avoir dessalée, écaillez et lavez-la ; faites-la cuire dans l'eau, écumez-la, et l'ôtez du feu à son premier bouillon ; on la sert sur une sauce blanche, ou sur une sauce un peu relevée.

La merluche est un aliment de fantaisie qui n'est fait que pour les estomacs vigoureux.

RAIE A LA SAUCE BLANCHE.

On distingue deux sortes de raies, la commune et la bouclée ; la dernière est la plus estimée.

Pour la préparer comme il est dit ci-dessus, videz et nettoyez-la bien, faites-la cuire à l'eau bouillante avec sel et vinaigre : il lui faut peu de cuisson ; sortant de l'eau, épluchez et appropriez-la. Mettez-la dans le plat qu'on doit servir et versez dessus une sauce blanche aux câpres.

RAIE AU BEURRE NOIR.

Même cuisson ; au moment de servir, faites chauffer un morceau de beurre dans la poêle, faites y frire du persil et versez sur la raie.

LIMANDES SUR LE PLAT.

Habillez, lavez, essuyez ; mettez dans un plat, persil et ciboules hachés, sel et poudre d'épices, ensuite les limandes et le même assaisonnement par dessus ; panez de mie fine parsemée de petits morceaux de beurre ; faites cuire au four ou sous le couvercle d'une tourtière, entre deux feux. Quand elles sont cuites et de belle couleur, servez-les avec un filet de verjus ou le jus d'un citron.

L'on apprête de la même façon les *carrelets*.

SOLES, CARRELETS, PLIES.

Tous ces poissons s'apprêtent de même ; après les avoir écaillés, vidés et bien nettoyés, on les farine et les met dans une friture bien chaude, sur un feu vif et clair.

THON FRAIS.

La manière la plus usitée d'accommoder ce poisson est de le couper par tranches que l'on fait cuire sur le gril, et que l'on sert avec huile et vinaigre. Si vous avez soin de les mariner dans de bonne huile quelques heures avant de les mettre sur le gril, elles seront bien plus succulentes.

MAQUEREAU A LA MAITRE D'HOTEL.

Après avoir vidé et nettoyé votre maquereau, fendez-le par le dos, faites-le mariner pendant quelques heures dans l'huile poivrée et salée, faites griller en arrosant avec la marinade ; faites fondre dans votre plat un morceau de beurre manié de persil, sel, et poivre ; posez votre maquereau dessus et servez.

On sert aussi le maquereau grillé à l'huile et au vinaigre.

MERLANS FRITS.

Les merlans s'accommodent le plus ordinairement sur le gril ou frits à la poêle.

Videz et ratissez-les, essuyez-les avec un linge ; laissez-leur les foies, faites 5 à 6 légères incisions de chaque côté ; farinez-les et faites frire à feu vif, servez avec persil vert alentour.

MERLANS GRILLÉS.

Videz, nettoyez et incisez-les comme il est dit ci-dessus ; lavez et séchez-les bien dans un linge, ensuite frottez-les d'un peu de vinaigre ; passez à la farine ; frottez le gril avec du beurre, et laissez-le bien chauffer avant d'y poser vos poissons, autrement ils s'y attacheraient ; retournez deux ou trois fois pendant la cuisson ; quand ils sont cuits, servez-les dans une sauce blanche aux câpres.

VIVE.

Nettoyez, ôtez le piquant, faites mariner et griller, et servez avec une bonne sauce au beurre ou aux câpres.

DU SURMULET.

Il faut écailler le surmulet, le vider, le laver et le couper un peu sur les deux côtés : il se prépare de la même manière que le maquereau.

DU ROUGET.

Ce poisson ne s'écaille point ; on le vide, on le lave, on en garde les foies, on le fait cuire sur le gril comme la vive, et on le sert avec les mêmes sauces ; on a soin de mettre les foies dans la sauce que l'on veut servir dessus.

DES ÉPERLANS.

. On ne les vide point, mais on les lave bien, et on les essuie entre deux linges ; après quoi on les farine, et on les fait frire à grand feu.

HARENGS FRAIS A LA BOURGEOISE.

Ecaillez, lavez et essuyez vos harengs ; faites les cuire sur le gril ; leur cuisson achevée, servez avec la sauce suivante :

Mettez dans une casserole un morceau de beurre, un peu de farine, un filet de vinaigre ou du jus de citron, une cuillerée de moutarde, sel, poivre et un peu d'eau ; faites lier la sauce sur le feu et masquez-en vos harengs.

SARDINES A LA BOURGEOISE.

Elles s'apprêtent de la même manière qu'à l'article précédent.

HARENGS SAURÉS A LA SAINTE MÉNÉHOULD.

Ayez une douzaine de harengs saurés, coupez-leur le bout de la tête et de la queue, mettez-les tremper quatre heures dans l'eau, et ensuite deux heures dans la valeur d'un quart de litre de lait ; mettez-les égoutter et essuyer ; trempez-les dans du beurre chaud ; mêlé avec demi-feuille de laurier, thym, basilic hachés comme de la poudre, deux jaunes d'œuf et de gros poivre ; pannez-les à mesure que vous les trempez dans le beurre, et faites-les griller légèrement ; mettez dans le fond du plat que vous devez servir deux cuillerées de verjus : dressez dessus les harengs.

DU BAR.

Après l'avoir vidé, lavé, faites-le cuire dans du vin blanc, avec du beurre, de l'eau, sel, poivre, oignons, persil, ciboules; quand il est cuit et bien égoutté, servez-le, pour plat de rot, sur une serviette garnie de persil vert. Si on le sert comme entrée, on le fait mariner une demi-heure avec un peu d'huile, sel, poivre; on le met sur le gril et on l'arrose de temps en temps avec l'huile qui reste dans le plat; quand il est cuit, servez-le avec une sauce un peu relevée.

DES ANCHOIS.

Les anchois sont de petits poissons de mer, amenés à Paris dans des barils et confits au sel. Après les avoir bien lavés, on les ouvre en deux pour en ôter l'arête. Ils servent le plus souvent à faire des salades et à mettre dans les sauces.

ANCHOIS FRITS.

Après les avoir dessalés, on les trempe dans une pâte qui ne soit pas trop liquide faite avec de la farine; quand ils sont frits et qu'ils ont pris une belle couleur, servez-les pour entremets.

MOULES.

Ayez soin de les avoir bien fraîches et qu'elles ne contiennent pas de crabes; lavez-les bien, égouttez-les et mettez-les à sec dans une casserole, sur un bon feu, jusqu'à ce qu'elles soient suffisamment ouvertes. Retirez-les, ôtez une coquille à chacune; mettez-les ensuite dans une autre casserole avec beurre, fines herbes hachées et épices; semez-y une petite pincée de farine; mouillez avec de l'eau, sautez fréquemment; et, si vous voulez, faites lier votre sauce avec crême ou jaunes d'œufs, au moment de servir.

ÉCREVISSES DE MER, HOMARDS, LANGOUSTES ET CRABES.

Ils s'accommodent tous de la même façon ; faites-les cuire à grand feu pendant une demi-heure dans une eau bouillante, avec sel, poivre, vinaigre, ciboules et laurier ; étant refroidis dans leur cuisson, égouttez-les, frottez-les d'huile pour leur donner belle couleur ; cassez-leur les pattes auparavant, ouvrez l'écrevisse ou le homard par le milieu dans sa longueur ; servez-les froids sur une serviette.

DES HUÎTRES.

Elles se mangent crues avec du poivre ; il ne s'agit alors que de les ouvrir et de les avaler. Quelques gourmets versent dessus du jus de citron.

COQUILLES D'HUÎTRES.

Ouvrez une certaine quantité d'huîtres, faites-les blanchir dans leur eau, retirez et laissez égoutter ; faites-les revenir dans du beurre, avec champignons, échalottes et persil hachés, huile d'olive, poivre et une cuillerée de farine ; mouillez avec du bouillon et du vin blanc, environ un demi-verre ; mettez vos huîtres détachées des coquilles, avec les fines herbes ; faites réduire ; choisissez ensuite quelques-unes des plus grandes coquilles, et mettez dans chacune d'elles trois ou quatre huîtres avec de la sauce ; couvrez de chapelure, arrosez de beurre fondu, et placez sur le gril à feu très-doux, et faites prendre couleur sous une pelle rouge, et servez.

DES LÉGUMES.

Les légumes et les racines sont une grande ressource pour les ménages ; nous allons indiquer l'usage qu'on peut en faire, et la façon de les accommoder d'une manière aussi bonne qu'économique.

ARTICHAUTS.

On les pare en rognant la pointe des feuilles avec des ciseaux. On les fait cuire dans l'eau bouillante avec du sel ; quand les feuilles se détachent facilement, ils sont assez cuits. Alors on les retire de l'eau, et on en ôte le foin.—On les sert très-chauds et bien égouttés, accompagnés d'une sauce blanche. On les mange encore communément, crus ou cuits, à l'huile et au vinaigre.

ASPERGES.

Ratissez et lavez-les, liez-les par petits paquets, et mettez-les cuire dans l'eau bouillante avec du sel. Prenez garde qu'elles ne cuisent trop : il faut qu'elles soient encore un peu croquantes. On les mange le plus communément avec une sauce blanche où à l'huile et au vinaigre servis à part, dans une saucière. — Au gras, on fait une sauce avec coulis, beurre, sel et poivre ; on fait lier la sauce et on sert sur les asperges. — On peut aussi les accommoder aux petits pois ; pour cela, coupez-les en très-petits morceaux, faites-les cuire un instant dans l'eau bouillante ; mettez-les égoutter et accommodez-les avec des petits pois.

CAROTTES A LA MAITRE D'HOTEL.

Après avoir ratissé et coupé vos carottes, soit en

petits filets ou en petits ronds, vous les mettez dans la casserole avec du beurre, ou du lard coupé en dés, persil et ciboules hachés, sel et épices; mouillez d'eau et de bouillon. Achevez la cuisson et réduisez la sauce.

CHOUX A LA CRÊME.

Lavez-les, faites cuire à l'eau bouillante avec du sel, égouttez-les et les mettez dans une casserole, avec beurre, farine et épices; mouillez avec de la crême.

CHOUX AU PETIT LARD.

Coupez-les par quartiers, lavez, faites bouillir un quart d'heure dans de l'eau, mettez-y du petit lard en morceaux, retirez-les dans l'eau fraîche, égouttez-les et les ficelez; mettez-les cuire avec le lard et les épices.

CHOUX-FLEURS A LA BOURGEOISE.

Les choux-fleurs servent à faire des entremets et à garnir des entrées de viande, alors, pour cet usage on les épluche, on les lave, et on les fait cuire un moment à l'eau, on les retire pour leur faire achever leur cuisson dans une eau, avec une cuillerée de farine délayée, un peu de beurre et du sel. Quand ils sont cuits, dressez-les sur un plat, et mettez dessous *au gras* une sauce ou coulis, *au maigre* une sauce blanche.

CONCOMBRES SALÉS PRÉPARÉS A LA MANIÈRE DES RUSSES.

Mettez dans un tonneau une certaine quantité de concombres, et versez dessus autant d'eau froide qu'il en faudra pour les couvrir; ajoutez-y quatre ou cinq poignées de sel et quelques feuilles de chêne et de groseillers noirs, avec un peu d'ail et d'oignons; placez le tonneau dans un lieu frais, et l'y laissez vingt-quatre heures, ou jusqu'à ce que la liqueur ait une saveur aigrelette; décantez alors cette liqueur, et, après y avoir ajouté quatre ou cinq poignées de sel, faites-la chauffer pendant quelques minutes : lorsqu'elle sera refroidie, versez-la dans le tonneau pour recouvrir les concombres; placez alors le tonneau dans la cave ou dans un endroit très-frais, et bouchez son ouverture avec un couvercle fait exprès. Au bout de trois à quatre jours, les concombres commencent à être bons à manger. C'est un mets qui est regardé comme une grande friandise par les amateurs.

MANIÈRE D'APPRÊTER LES ÉPINARDS.

Amortissez-les à l'eau bouillante, et faites-les égoutter avec expression; hachez menu; passez à la casserole avec du beurre frais, sel et poudre d'épices, et ajoutez un ou deux verres de crême, suivant la quantité. Ne les faites point bouillir. *Si c'est en gras,* mettez du lard au lieu de beurre, et du jus avec une pincée de farine au lieu de crême. Ainsi apprêtés en gras, on les sert sous les fricandeaux comme l'oseille et la chicorée. Quand on sert les épinards en entremets, on les sert en dôme aplati; on met sur le bord un cercle de mies frites, au milieu duquel on met, si l'on veut, une rosace de même.

FÈVES A LA BOURGEOISE.

Mettez-les dans une casserole avec beurre, persil et ciboule; faites cuire, et mettez une liaison de jaunes d'œufs et de lait.

HARICOTS VERTS.

Mettez-les dans de l'eau bouillante, avec du sel ; la cuisson faite, retirez-les dans l'eau froide; mettez dans une casserole du beurre frais, une pincée de farine, sel et lait ; mettez-les dedans et liez avec des jaunes d'œufs.

HARICOTS VERTS AU ROUX.

Faites un roux avec un oignon coupé en dés, au-

quel vous ajoutez une bonne pincée de farine dès
qu'il commence à roussir; la farine étant légèrement
blonde, mouillez avec du bouillon ou du jus; passez
au tamis et versez dans une casserole sur vos haricots cuits à l'eau et égouttez; ajoutez sel, poudre
d'épices et persil hachés et servez chaudement. Tout
le monde connaît la manière de conserver les haricots verts, en les faisant cuire à l'eau et sécher. On
les conserve ainsi jusqu'au milieu du printemps suivant; mais ils n'ont jamais la qualité de ceux qu'on
mange frais.

FARCE D'OSEILLE.

Faites-la blanchir dans l'eau bouillante avec une
pincée de cerfeuil; égouttez et passez à la passoire;
mettez-la dans une casserole avec du beurre et des
œufs battus, sel, poudre d'épices et une cuillerée de
crème; faites bouillir le tout ensemble, et faites prendre
sur le feu la consistance de crême épaisse. Mettez cette
farce dans le corps des poissons que vous faites cuire
sur le gril ou dans la tourtière.

PETITS POIS.

Mettez-les dans une casserole, avec beurre frais,
bouquet de persil, ciboule, un peu de sel et de sucre;
remuez, faites cuire et liez avec du beurre manié de
farine.

POIS AU BEURRE.

Faites-les cuire dans l'eau bouillante et passez-les
ensuite avec du beurre, du sucre en poudre et peu
de sel; servez en pyramide.

POIS A LA CRÊME.

Passez-les au beurre avec une pincée de farine, et
faites-les cuire à petit feu avec très peu d'eau, un peu
de sel, du sucre et un bouquet de persil. Liez sans

sauce avec deux jaunes d'œufs délayés avec de la crême, et servez en pyramide.

SALSIFIS OU SCORSONÈRES.

Ces racines se mangent ordinairement ou en sauce blanche ou frites. Ratissez-les, ôtez toutes les taches noires, et jetez-les, à mesure que vous les préparez, dans un vase où vous aurez mis de l'eau et du vinaigre ; retirez-les et jetez-les dans l'eau bouillante ; ajoutez-y un verre de vinaigre et faites-les cuire jusqu'a ce qu'elles soient tendres, sans l'être trop. Ensuite égouttez-les, et un moment avant de servir, vous les roulez dans une pâte à frire (V. p. 140); faites frire de belle couleur, et servez.

Ou bien, après les avoir fait cuire et égoutter, servez-les avec une sauce blanche.

POMMES DE TERRE A LA MAITRE-D'HOTEL.

Faites-les cuire dans l'eau et les pelez ; coupez-les par tranches dans une casserole avec du beurre frais et épices et sautez-les.

POMMES DE TERRE AU LARD.

Faites frire le lard en morceaux, mettez-y une pincée de farine, remuez, ajoutez épices, mouillez avec de l'eau et mettez les pommes de terre en morceaux.

Nota. On conserve les pommes de terre dans du poussier de charbon de bois.

DES TRUFFES.

La truffe répand une odeur forte et agréable qu'on ne peut comparer à aucune autre. Il n'y a presque point de ragoûts dans lesquels les précepteurs de cuisine ne fassent entrer des *truffes*, comme si cet assaisonnement convenait à tous les mets et à tous les goûts. Quelque agréable qu'il soit, les champignons et les mousserons sont généralement préférés, et les cuisiniers en usent plus libéralement.

Elles se mangent seules cuites dans du vin et du bouillon, assaisonnées de sel, poivre, un bouquet d'épices, fines herbes, racines et oignons.

On ne les met cuire dans ce court-bouillon qu'après les avoir fait tremper dans l'eau tiède et bien frottées avec une brosse, afin qu'il ne reste pas de terre autour.

La meilleure manière de conserver les truffes consiste à les faire cuire quand elles sont brossées et nettoyées comme il est dit ci-dessus, dans du vin blanc, assaisonnées de sel, poivre, persil et thym ; à les renfermer ensuite, quand elles sont froides, dans un pot de terre ou de grès qu'on remplit d'huile d'olives, et qu'on ferme exactement. Cette huile devient excellente pour les salades et les rôtis d'anchois.

DES ŒUFS, BEURRE, LAIT ET FROMAGE.

Les œufs de poule sont les seuls dont on se serve en cuisine ; pour choisir les œufs, il faut les présenter à la lumière, et lorsqu'on les voit clairs et transparents, on peut être assuré qu'ils ne sont pas vieux : les œufs ainsi choisis s'appellent œufs *mirés*.

Les œufs s'apprêtent sur le plat, en omelettes, durs et **à la** mouillette.

ŒUFS A LA COQUE.

Quand votre eau bout, mettez-y vos œufs pendant une ou deux minutes ; retirez-les, et couvrez-les une minute pour leur laisser faire leur lait ; servez-les dans une serviette.

ŒUFS AU MIROIR.

Etendez du beure sur un plat qui aille au feu ; cassez vos œufs dessus, sans crever les jaunes ; saupoudrez de sel, un peu de poivre, mettez dessus, d'espace en espace de petits morceaux de beurre avec cuillerée de crême et muscade râpée ; faites cuire à petit feu ; passez la pelle rouge sur vos œufs, et servez.

ŒUFS A LA CRÊME.

Faites une sauce à la crême, et au moment de servir, mettez dedans des œufs durs coupés par rouelles.

ŒUFS BROUILLÉS AU NATUREL.

Faites fondre un morceau de beurre dans une casserole ; cassez-y autant d'œufs que vous aurez besoin, assaisonnez-les de sel, poivre, etc., et faites-les cuire sur le fourneau en remuant toujours. Dès qu'ils commencent à épaissir, retirez-les et servez.

ŒUFS A LA TRIPE.

Coupez par tranches une demi-douzaine d'oignons ; faites-les roussir dans du beurre avec une cuillerée de farine; étant de belle couleur, mouillez-les avec de bon bouillon; faites une sauce liée et bien assaisonnée, mettez-y une douzaine d'œufs durs coupés en tranches; sautez, faites leur faire un bouillon; mettez-y un filet de vinaigre, et servez à courte sauce et bien chaud.

ŒUFS MOLLETS.

Faites bouillir de l'eau, mettez-y la quantité d'œufs que vous voulez servir; faites-les bouillir cinq minutes, et retirez-les promptement dans l'eau fraîche; ôtez les coquilles de manière à ne pas rompre le blanc; par ce moyen, vous aurez des œufs mollets, flexibles sous les doigts, vous les servirez entiers, soit avec une sauce blanche, sauce verte, sauce Robert, ou toute autre sauce, ragoûts ou jus que vous jugerez à propos.

LAIT DE POULE.

Mettez dans une écuelle ou petite terrine trois à quatre onces de sucre en poudre, trois jaunes d'œufs, et une demi-cuillerée d'eau de fleur d'oranger; battez bien ce mélange jusqu'à ce que les jaunes d'œufs blanchissent, et même plus longtemps vous les battrez, mieux ce sera. Versez peu à peu, sur ce mélange, une-demi bouteille d'eau bouillante en tournant vite, pour empêcher que les œufs ne se caillent. Votre lait de poule sera fait; il faut le boire le plus chaudement possible.

OMELETTE AU NATUREL.

Cassez dans une casserole la quantité d'œufs que vous jugez convenable; saupoudrez de sel fin, et battez-les bien; faites fondre du beurre dans une poêle; mettez-y les œufs, et faites-les cuire d'une belle couleur; renversez votre omelette dans le plat sur lequel vous devez servir : on peut ajouter du persil et de la ciboule bien hachés, ou d'autres fines herbes.

OMELETTE AUX OIGNONS.

Epluchez vos oignons, battez-les avec les œufs et faites cuire. Même procédé pour l'omelette *au lard*.

OMELETTE SOUFFLÉE.

Cassez six œufs; mettez les blancs à part; ajoutez à vos jaunes une bonne cuillerée pleine de sucre en poudre et un peu de fleur d'oranger; remuez bien avec une cuillère de bois; puis fouettez les six blancs d'œufs en neige *très-ferme*, mêlez-les légèrement, mais exactement avec les jaunes; mettez dans la poêle un quart de beurre frais, et dès qu'il sera chaud, sans roussir, vous verserez votre pâte dans la poêle, et faites cuire votre omelette sur un feu très-vif. Etant cuite, vous la verserez en chausson sur un plat; mettez ce plat sur la cendre chaude et le couvercle d'un four de campagne rempli de feu dessus; n'y laissez votre omelette que l'espace de quatre à cinq minutes : ce temps suffit pour que l'omelette soit levée; saupoudrez-la de sucre, glacez avec la pelle rouge, et servez sur-le-champ.

MOYENS DE CONSERVER LES ŒUFS.

1. Gardez les œufs dans de l'eau de chaux.

2. Passez de la cendre dans un gros tamis; mettez cette cendre dans un tonneau ou dans des pots; à mesure que vous ramasserez des œufs, vous les mettrez dans cette cendre, en ayant soin qu'ils soient entièrement couverts et qu'ils ne se touchent point les uns les autres.

DU BEURRE.

Le beurre, pour être bon, doit être frais et d'un bon goût; on donne la préférence au beurre jaune pas trop foncé; le blanc ne vaut rien. Le beurre *salé* est moins salutaire que le frais; le beurre *fondu* est particulièrement propre aux fritures : il est d'une grande économie.

DU LAIT.

Le meilleur lait est blanc, a l'odeur agréable, la saveur douce, sans amertume, sans âpreté et sans salure.

CONSERVATION DU LAIT.

On conserve le lait en le mettant dans une bouteille bien bouchée qu'on laisse vingt minutes dans de l'eau bouillante.

Nota. Les sauces blanches et laits tournés reviennent et n'en sont que plus sains par le procédé suivant : Faites dissoudre *sous-carbonate de soude 31 grammes* dans un verre d'eau ; conservez-le dans une fiole bien bouchée, et, au besoin, une cuillerée, plus ou moins dans le lait, le fait revenir.

CRÊME FOUETTÉE.

Mettez dans une terrine un litre de bonne crême, avec un quarteron de sucre en poudre, une pincée de gomme adragant en poudre, et un peu d'eau de fleur d'oranger ; fouettez-bien votre crême avec une verge d'osier, et à mesure que la mousse se forme, vous l'enlevez avec une écumoire, et la dressez en pyramide sur un plat ; garnissez cette pyramide de filets de citrons confits, et servez-la.

FROMAGE A LA CRÊME.

Faites tiédir sur le feu un litre de bon lait ; ajoutez-y gros comme une noisette de pressure délayée dans du lait ; remuez bien ; couvrez votre casserole et faites cailler sur un peu de cendre chaude. Quand il est pris, vous mettez votre caillé dans un petit panier d'osier et de jonc, doublé d'un linge fin. Quand il est bien égoutté, vous le dressez dans un compotier, et vous le servez avec de bonne crême et saupoudré de sucre fin.

DU CAFÉ, DU CHOCOLAT ET DU THÉ.

CAFÉ A L'EAU.

Mettez 250 grammes de café moulu dans une carafe, avec 4 verres d'eau froide ; remuez, bouchez-la bien, laissez 48 heures, puis passez au travers d'un linge fin, dans une carafe, que vous tiendrez bien bouchée. Un tiers de cuillerée dans deux tiers d'eau donne de bon café à l'eau ayant tout son arôme.

CAFÉ AU LAIT.

La valeur d'une cuillerée de café de la préparation ci-dessus suffit pour une tasse de lait ; l'on fait bouillir le café et le lait séparément, et l'on sert de même.

CHOCOLAT.

Il faut prendre environ 250 grammes de chocolat pour chaque tasse de crême ; l'on casse en plusieurs morceaux et l'on délaye dans la casserole avec de l'eau bouillante ; l'on verse ensuite de l'eau ou du lait selon la quantité de tasses que l'on veut faire et l'on fait bouillir : il est nécessaire de remuer plusieurs fois avec le bâton à chocolat pendant la cuisson.

DU THÉ.

Lorsqu'on veut prendre le thé dans toute sa bonté, c'est de ne jamais le faire bouillir. On versera sur une bonne pincée de ces feuilles environ une 1/2 tasse d'eau bouillante, quelques minutes après la même quantité ; après le même intervalle, on remplira la théyère d'eau toujours bouillante. Par cette méthode on développe graduellement tout l'arôme du thé, et le plus médiocre paraît bon. On l'édulcore avec plus ou moins du sucre selon le goût ; mais les vrais amateurs en mettent peu.

ENTREMETS.

MACARONI.

Prenez 250 grammes de macaroni; mettez-le dans une casserole avec assez d'eau pour qu'il baigne dedans; faites bouillir jusqu'à ce qu'il n'y ait plus d'eau; ensuite râpez 250 grammes de fromage, vieux gruyère ou parmesan; mettez-le dans le macaroni avec une once de beurre frais, sautez le tout ensemble jusqu'à ce que le fromage soit bien fondu. Ayez une autre casserole, que vous graissez tout autour et dans le fond; garnissez-la ensuite d'une couche de pâte à foncer (V. à l'article *Pâtisserie*), de l'épaisseur d'une pièce de 5 ou 10 centimes environ; mettez dedans votre macaroni, et couvrez-le d'un plateau de pâte de même épaisseur; faites cuire sur un feu très-doux; couvrez la casserole d'un couvercle et mettez du feu dessus; laissez cuire ainsi pendant trois quarts d'heure; quand la cuisson est faite, renversez sur le plat sur lequel vous devez servir votre macaroni qui se trouve avoir la forme d'une timbale et qui sera d'un goût exquis.

CHARLOTTE DE POMMES.

Pelez et épluchez des pommes de reinette ou de calville, une vingtaine; ôtez-en les cœurs et coupez les pommes par morceaux, faites-les cuire dans une casserole avec un verre de vin, des zestes de citron et du sucre; remuez-les souvent pour les empêcher de brûler; aussitôt fondues, passez en purée et faites réduire un peu sur le feu en prenant garde qu'elles s'attachent. Ayez des tranches de mie de pain larges et minces, que vous tremperez dans du beurre tiede ou de bonne huile, et dont vous garnirez symétriquement le fond et les bords de votre casserole; mettez votre marmelade de pommes là-dessus, en l'alternant, si vous pouvez, avec de la marmelade d'abricots. Finissez par couvrir votre charlotte avec une couche de tranches de pain imbibées d'huile ou de beurre, et faites-la cuire dans un four ou sous une tourtière.

CRÊME A LA FLEUR D'ORANGER.

Faites bouillir un litre de bon lait avec quatre ou cinq onces de sucre et trois cuillerées de fleur d'oranger; après avoir bouilli un quart d'heure, retirez du feu et laissez refroidir; tassez et battez bien ensemble sept à huit jaunes d'œufs et deux blancs, mettez-y peu à peu votre lait refroidi, mêlez bien ensemble, passez au tamis, et versez sur un plat ou dans de petits pots. Mettez les petits pots dans une casserole où il y ait juste autant d'eau bouillante pour arriver à trois quarts de leur hauteur, afin qu'il ne puisse entrer d'eau dedans. Couvrez la casserole de son couvercle, mettez du feu dessous et faites aller tout doucement votre bain-marie. Au bout d'un quart d'heure, votre crème sera prise; alors retirez vos petits pots, essuyez-les et servez froid.

Si l'on préfère servir la crème dans un plat, alors l'on met ce plat sur une casserole d'eau bouillante, que l'on fait bouillir à force. Dès que la crème sera prise, retirez le plat et laissez refroidir : au moment de servir, saupoudrez de sucre et passez la pelle rouge pour glacer.

CRÊME A LA VANILLE.

La pratique est la même que la précédente, avec un litre de lait, six onces de sucre cassé, un gros de vanille râpée cinq à six jaunes d'œufs et un entier.

Au lieu de vanille ou de fleur d'oranger, on peut aussi donner à la crème le goût de macarons d'amande, en faisant bouillir dans le lait une ou deux feuilles de laurier amande.

On la traite comme la précédente.

CRÈME AUX PISTACHES, OU CRÈME VERTE.

Émondez et pilez bien 125 grammes de pistaches; faites bouillir un litre de lait avec 65 grammes de sucre; quand le lait bout, vous y ajouterez vos pistaches; faites jeter un ou deux bouillons; laissez refroidir votre lait; délayez-le avec huit jaunes d'œufs et deux blancs; ajoutez-y encore une cuillerée de vert d'épinards, afin de donner une belle couleur verte à votre crême; mêlez bien le tout; passez-le plusieurs fois sur le tamis; versez-le sur des plats ou dans de petits pots, et faites-les prendre au bain marie comme ci-dessus.

MANIÈRE DE FAIRE LES CRÊMES SANS BAIN-MARIE.

Prenez un litre de lait, six onces de sucre; mettez avec l'aromate ou l'ingrédient que vous préférez, soit fleur d'oranger, amande, pistache, chocolat, café, vanille; délayez-y six jaunes d'œufs; placez votre casserole sur un feu doux et faites bouillir en tournant sans cesse avec une cuillère de bois : lorsque ce mélange s'y attache, votre crême est faite; passez au tamis, versez sur des plats ou dans des pots, laissez refroidir, caramelez et servez.

Voir à l'article *Lait*, pour *crême fouettée* et *fromage à la crême* qui peuvent se servir aussi comme entremets.

PATE A FRIRE POUR TOUTES SORTES DE FRITURES.

Prenez 250 gram. de farine, deux cuillerées d'huile d'olive, peu de sel, quatre jaunes d'œufs, une cuillerée d'eau de fleur d'oranger, un demi-verre d'eau et de lait; remuez et mêlez bien ensemble; puis fouettez deux blancs d'œufs que vous incorporez dans votre pâte en retournant légèrement. Cette pâte se fait au moment de s'en servir, mais ne se conserve pas.

BEIGNETS DE POMMES.

Prenez des pommes de reinette que vous coupez en tranches, ôtez-en le cœur, trempez-les dans la pâte à frire qui précède. Mettez vos pommes bien enduites de cette pâte dans la friture bouillante, retirez-les d'un blanc doré; faites égoutter un instant dans une passoire; saupoudrez de sucre et servez bien chaud.

Les beignets d'abricots, de pêche et d'orange se font de même, mais coupés par quartiers et débarrassés de leurs noyaux ou pépins. On pèle les pêches.

CRÊPES.

Prenez un litre de farine, délayez-le avec six œufs, deux cuillerées d'eau-de-vie, une bonne pincée de sel, un verre de lait et de l'eau, pour l'éclaircir et lui donner la consistance d'une bouillie. Allumez un feu clair de menu bois; faites fondre dans la poêle gros comme une noisette de beurre, sinon de sain-doux ou même de l'huile, versez-y plein une cuillère à dégraisser de pâte, étendez de façon que le fond de la poêle soit couvert et très-mince. Faites cuire d'un côté, retournez vivement de l'autre pour faire prendre couleur des deux côtés et mangez brûlant.

GATEAUX A LA MADELEINE.

Prenez 250 grammes de beurre, faites ramollir sur une vapeur d'eau chaude, remuez avec une cuillère de bois pendant un bon quart d'heure, jusqu'à ce que le beurre se trouve réduit en consistance de crème; incorporez-y alors un à un six œufs, 250 grammes de sucre râpé, une cuillerée de fleur d'oranger, et un peu plus tard vous y mêlerez aussi 500 grammes de farine. Travaillez bien votre pâte; pour pouvoir l'étendre avec le rouleau. Dressez vos gâteaux, de la grandeur que vous voulez, sur des platines de fer; il faut leur donner au moins un centimètre et demi d'épaisseur; dorez-les, et faites-les cuire à une chaleur modérée, car il faut qu'ils restent une demi-heure au four.

GLACES.

La meilleure manière de faire des glaces est de verser la composition que l'on veut glacer dans une *sorbetière en étain*; on plonge ce moule dans un seau de bois rempli de glace concassée et mêlée de salpêtre, et l'on remue continuellement sur elle-même la sorbetière, à mesure que la composition se solidifie, ce dont on s'assure en levant de temps en temps le couvercle; on la détache des parois pour ramener au milieu, et on continue ainsi jusqu'à ce que la composition forme une masse congelée uniforme et moelleuse sans glaçons.

Les compositions qu'on glace le plus ordinairement sont les suivantes :

Glace à la groseille. L'on verse dans la sorbetière moitié sirop de groseilles et environ moitié eau, l'on mélange le tout en remuant ensemble.

Les glaces de framboise, de cerise, de fraise se font de la même façon.

Glace à la vanille. L'on place dans un poêlon de cuivre *non étamé* huit onces de sucre, un demi-gros de vanille, cinq à six jaunes d'œufs; l'on mêle le tout, l'on ajoute un litre de bon lait. On place sur le feu et l'on fait chauffer sans bouillir jusqu'à ce que la crême s'attache à la cuillère. Laissez refroidir et faites glacer.

SAUCES, PURÉES ET RAGOUTS.

Les sauces peuvent varier à l'infini ; c'est à l'érudition gastronomique de l'habile cuisinier à savoir les assortir aux mets avec autant de goût que de propreté.

DU JUS.

Mettez dans une casserole 1 kil. 500 gr. de tranche de bœuf, les cuisses et le râble de deux lapins, un jarret de veau, six carottes, autant d'oignons, deux clous de girofle, deux feuilles de laurier, un bouquet de persil et de ciboules ; versez plein deux cuillerées à pot de bouillon dans votre casserole, que vous mettez sur un bon feu ; votre bouillon réduit, étouffez votre fourneau ; placez-y votre casserole, afin que votre viande jette son jus, et qu'il s'attache doucement : il est essentiel que la glace qui est au fond de votre casserole soit noire ; lorsqu'elle sera à ce point, retirez votre casserole du feu et restez environ un quart d'heure sans la surveiller ; remplissez-la avec du bouillon ou de l'eau ; faites ensuite mijoter votre jus sur le feu pendant trois heures ; faites en sorte qu'il soit bien écumé et assaisonné.

DU VELOUTÉ.

Mettez dans une casserole deux sous-noix de cuissot de veau, deux poules ; quatre carottes, autant d'oignons, deux clous de girofle, un bouquet de persil et ciboules ; mettez-y plein une cuillère à pot de consommé ; placez votre casserole sur un feu un peu ardent ; écumez bien vos viandes, essuyez l'intérieur de votre casserole, afin que votre sauce ne soit point troublée ; votre mouillement diminué, vous le mouillerez avec du consommé : ayez soin qu'il soit bien clair, ayez soin aussi d'écumer votre consommé ; lorsqu'il bouillira, mettez-le sur le coin du fourneau ;

faites un roux blanc, dans lequel vous mettrez dix-huit champignons sautés à froid dans de l'eau et du citron que vous remuerez dans votre roux bien chaud; délayez ensuite votre roux avec le mouillement de votre velouté; après, versez-le sur vos viandes; vous ferez bouillir doucement votre sauce, vous l'écumerez bien; au bout d'une heure, vous la dégraisserez; votre viande cuite, passez votre sauce à l'étamine : faites en sorte que votre velouté soit très-blanc.

CONSOMMÉ.

Voir à l'article *Coulis.*

RÉMOULADE.

Ayez plein un verre de moutarde, que vous délayez dans un vase; ayez un peu d'échalote et un peu de ravigote que vous mettez dans votre moutarde; joignez-y six cuillerées d'huile, trois de vinaigre, du sel et du poivre; délayez le tout ensemble, et mettez-y deux jaunes d'œufs crus, que vous remuerez avec votre rémoulade; tournez-la bien, afin que votre sauce soit bien liée.

ROCAMBOLES.

Epluchez plein un grand verre de rocamboles que vous mettrez dans l'eau bouillante; retirez-les quand elles commenceront à s'écraser sous les doigts, et jetez-les dans l'eau fraîche; lorsqu'elles seront froides, vous les égoutterez; faites réduire du velouté, et mettez-le dedans.

La rocambole est une espèce d'ail plus douce que l'ordinaire : on en voit peu sur les marchés; on n'en voit guère que dans le midi, où on la nomme *ail rouge.*

SAUCE PIQUANTE.

Mettez dans une casserole un décilitre de vinaigre, un peu de petit piment, du poivre, une feuille de laurier et un peu de thym; faites réduire à moitié ce qui est dans votre casserole ; alors ajoutez-y plein trois cuillerées de bouillon ; faites réduire votre sauce à juste mesure et mettez-y le sel nécessaire pour qu'elle soit de bon goût.

SAUCE BLANCHE.

Prenez 250 grammes de beurre, plus ou moins, une petite cuillerée de farine ; mêlez tout ensemble ; ajoutez une cuillerée de vinaigre et un demi-verre d'eau ; mettez sur le feu, et tournez votre sauce jusqu'à ce qu'elle soit liée. Pour qu'elle ne sente pas la colle, il ne faut pas la laisser bouillir.

SAUCE AUX CAPRES.

Vous la faites en remplaçant dans la sauce blanche le vinaigre par une demi-tasse de câpres.

SAUCE A LA CRÊME.

On fait bouillir, avec un demi-litre de crême, vingt-cinq grammes de sucre et autant de macarons amers en poudre. Après quelques bouillons, on lie avec un jaune d'œuf, et on sert dans une saucière.

SAUCE HACHÉE.

Faites revenir dans du beurre des champignons, du persil et des échalotes hachées ; mouillez ensuite avec de la sauce espagnole ; faites bouillir ce composé, et dégraissez-la avec soin ; ajoutez-y des câpres et des cornichons hachés, et, au moment de servir, un peu de beurre d'anchois.

SAUCE TOMATE A LA FRANÇAISE.

Mettez quinze tomates dans une casserole, avec un peu de bouillon, du sel, du gros poivre ; vous les ferez cuire et réduire ; quand vos tomates sont épaissies, passez-les comme une purée dans une étamine ; au moment de servir, mettez gros comme un œuf de beurre, que vous ferez fondre dans votre sauce ; avant de la servir, voyez si elle est assaisonnée et de bon goût.

SAUCE AU VERJUS.

Mettez dans une casserole deux cuillerées de verjus, autant de coulis, sel, poivre et de l'échalote hachée; que votre sauce soit très-claire; faites-la chauffer, servez-vous-en pour des grillades.

SAUCE A L'ESPAGNOLE.

Mettez du coulis dans une casserole avec un verre de vin blanc, autant de bouillon, un bouquet de persil, ciboule, une gousse d'ail, deux clous de girofle, une feuille de laurier, deux cuillerées d'huile, une pincée de coriande, un oignon en tranches; faites-la bouillir près de deux heures à très-petit feu; dégraissez-la ensuite pour la passer au tamis; assaisonnez avec un peu de sel et de poivre.

SAUCE ROBERT.

Mettez dans une casserole un peu de beurre, avec une cuillerée à bouche de farine; faites roussir votre farine à petit feu; quand elle est de belle couleur, mettez-y trois oignons hachés très-fin, et du beurre suffisamment pour faire cuire l'oignon; mouillez ensuite avec du bouillon, dégraissez la sauce, et laissez-la bouillir une demi-heure; prête à servir, mettez-y sel, poivre filet de vinaigre et moutarde.

SAUCE A LA TARTARE.

Mettez dans le fond d'un vase de terre deux ou trois échalotes hachées très-menues, un peu de cerfeuil et d'estragon avec de la moutarde, un filet de vinaigre, du sel et du poivre, suivant la quantité dont vous avez besoin; arrosez ensuite légèrement votre sauce, en la remuant toujours; si elle se lie trop, jetez-y un peu de vinaigre; si, après l'avoir goûtée, elle se trouvait trop salée, versez-y un peu d'huile et de moutarde.

SAUCE A LA MAITRE-D'HOTEL.

Mettez un quart de beurre dans une casserole, du persil et des échalotes hachés très-menus, du sel du poivre, et un jus de citron; vous pétrirez le tout ensemble. Au moment de servir, versez votre sauce sur le mets préparé.

SAUCE POUR GIBIER OU VOLAILLE.

Mettez dans une casserole un verre de vin blanc, la moitié d'un citron que vous coupez en morceaux, de la chapelure, deux cuillerées d'huile d'olive, bouquet de persil, ciboules, estragon, ail, girofle, sel, poivre; mouillez avec du bouillon; faites bouillir le tout pendant vingt minutes, plus ou moins; dégraissez et passez au tamis.

SAUCE A LA RAVIGOTE.

Mettez dans une casserole un verre de bouillon, une demi-cuillerée à café de vinaigre, sel, poivre, un petit morceau de beurre manié de farine, et deux pincées de fourniture de salade, telles que civette, estragon, pimprenelle, cerfeuil, cresson; faites bouillir cette fourniture un moment dans l'eau, pressez-la bien, et hachez-la très-fine; mettez-la dans la sauce, et faites-la lier sur le feu.

POIVRADE.

Mettez dans une casserole gros comme la moitié d'un œuf de beurre, trois oignons en tranches, carottes et panais coupés en zestes, une gousse d'ail, deux clous de girofle, une feuille de laurier, thym, basilic; passez le tout au feu jusqu'à ce qu'il commence à se colorer; mettez-y une bonne pincée de farine; mouillez avec un verre de vin rouge, un verre d'eau, une cuillerée de vinaigre; faites bouillir une demi-heure; dégraissez, passez au tamis, mettez-y du gros sel, poivre, et servez.

SAUCE A L'ITALIENNE.

On hache très-menu des champignons, des échalotes et du persil; on les passe au beurre dans une casserole en y ajoutant un peu de farine, et l'on mouille avec du jus ou du bouillon et un verre de vin blanc. On fait ensuite bouillir cette sauce, en la dégraissant avec soin.

ROUX.

On met dans une casserole un morceau de beurre plus ou moins fort; lorsqu'il est fondu, on y met de la farine autant qu'il en peut humecter, et lorsque le roux commence à bouillir, on le met sur un feu très-doux que l'on entretient. Il faut avoir soin de le remuer très-souvent pour éviter qu'il ne s'attache. Lorsqu'il a une couleur blonde, on le dépose dans une terrine pour s'en servir au besoin.

PURÉE OU COULIS DE LENTILLES.

Prenez des croûtes de pain, carottes, panais, racines de persil et oignons coupés en tranches. Passez à l'huile ou au beurre bien chaud; si c'est en gras, mettez-y du lard bien roux, ajoutez des lentilles cuites à l'eau et un peu de bouillon; assaisonnez de sel, poudre d'épices et d'une gousse d'ail; faites bouillir pendant quelques minutes, et passez dans une passoire fine en pressant avec la cuillère à pot.

Cette purée peut se servir seule, ou sous du petit lard, ou sous des perdrix, ou dans un potage aux croûtes. Il est inutile de dire qu'on n'emploie ni lard ni bouillon gras dans la purée en maigre.

PURÉE DE POIS VERTS.

Prenez un litre et demi de pois verts, et faites-les cuire dans l'eau; mettez-y un quart de beurre, dans lequel vous manierez vos pois; ensuite jetez l'eau et égouttez vos pois dans une passoire; mettez-les dans une casserole, sur un feu qui ne soit pas trop ardent; ajoutez à vos pois une poignée de feuilles de persil, et un peu de queues vertes de ciboules; sautez vos pois pendant un quart d'heure; ensuite vous jeterez un peu de sel dedans, et la moitié d'une cuillerée à pot de consommé ou de bouillon; faites-les bouillir sur un feu moins ardent, en couvrant de son couvercle votre casserole; vos pois ayant passé trois quarts d'heure au feu, mettez-les dans un mortier pour les piler; passez-les ensuite à l'étamine, en vous servant de consommé froid ou de bouillon pour cette opération; quand votre purée sera passée, vous la déposerez dans une casserole; vous la ferez chauffer au moment de vous en servir, afin qu'elle ne jaunisse pas.

PURÉE DE FÈVES.

Prenez des fèves vertes ou sèches et dérobées; faites-les cuire à l'eau et réduisez-les en purée dans une passoire; mettez-les dans une casserole avec du beurre, du sel, un peu de crême et du persil haché; faites mijoter en mêlant et servez.

DES RAGOUTS.

Les ragoûts se servent sous les viandes; on en mange aussi quelques-uns seuls, comme ceux de truffes, de foies gras et de laitance. Alors ils servent comme entremets.

RAGOUT A LA PÉRIGOURDINE.

Après avoir coupé des truffes en petits dés, passez-les dans du beurre; mettez-y deux ou trois cuillerées à dégraisser d'italienne rousse ou d'espagnole (voyez ce mot) avec un peu de vin blanc, et finissez votre sauce avec un morceau de beurre. Ce ragoût se sert sur des perdreaux, des poulardes, des poulets et des dindes.

RAGOUT AU SALPICON.

Mettez dans une casserole un ris de veau blanchi, deux culs d'artichauts aussi blanchis, des champignons, le tout coupé en dés, avec un bouquet de persil, ciboules, une demi-gousse d'ail, un clou de girofle, une demi-feuille de laurier un peu de basilic, un morceau de beurre; passez-les sur le feu, et mettez-y une bonne pincée de farine ; mouillez avec du jus, vin blanc, un peu de bouillon, sel, gros poivre ; faites cuire et réduire à courte sauce, dégraissez avant de servir.

RAGOUT DE CHOUX.

Faites bouillir dans l'eau, pendant une demi-heure, la moitié d'un chou ; retirez-le à l'eau fraîche, pressez-le, et ôtez le trognon ; hachez un peu le chou, et mettez-le dans une casserole avec un morceau de beurre ; passez-le sur le feu ; mettez-y une pincée de farine ; mouillez avec du bouillon et du jus jusqu'à ce qu'il y en ait assez pour donner une couleur dorée ; faites bouillir à petit feu jusqu'à ce que le chou soit cuit et réduit à courte sauce ; assaisonnez-le de sel, de gros poivre, d'un peu de muscade râpée, et servez.

RAGOUT D'OSEILLE.

Faites blanchir à l'eau bouillante de l'oseille et de la laitue, du cerfeuil, du persil et de la ciboule dans les proportions convenables. Egouttez, hachez ; passez sur le feu avec un morceau de beurre et un peu de farine ; mouillez avec du jus, assaisonnez légèrement de sel et poivre, et faites mijoter jusqu'à ce qu'il n'y ait plus de sauce.

BRAISE.

On appelle ainsi une manière de cuisson, qui relève infiniment le goût des viandes, qui cuisent sans évaporation sensible. On distingue deux sortes de braise. La *braise* ORDINAIRE se fait en fonçant une marmite de bardes de lard et de tranches de veau ou de bœuf, épaisses d'un doigt, qu'on assaisonne de fines herbes, oignons, carottes, citron, laurier, persil, poivre et sel. Sur cet assaisonnement on place la pièce qu'on veut faire cuire ; on la couvre et on l'assaisonne pardessus de même que par-dessous. On couvre bien la marmite, et on lute le couvercle avec de la pâte, pour qu'il n'y ait point d'évaporation, et on fait cuire le tout dessus et dessous. Celte braise sert pour les grosses pièces, qui ont besoin d'un plus fort assaisonnement. La *braise blanche*, ou *demi-braise*, se fait avec lard, tranche de veau, dont on diminue l'assaisonnement en raison de la pièce. Le surplus du procédé est de même que pour la braise ordinaire.

DES ROTIES.

ROTIES AU LARD.

Coupez des tranches de pain de la longueur de deux doigts et d'égale grandeur ; mettez dessus suffisamment de petit lard coupé en petits dés et manié avec un œuf cru, persil, ciboule, une échalotte, le tout haché, du gros poivre ; faites-les frire à petit feu. Servez avec une sauce claire et un filet de vinaigre.

ROTIES AUX ÉPINARDS.

Elles se font avec un ragoût d'épinards fini, de bon goût et bien épais ; vous y mettez ensuite deux jaunes d'œufs crus ; arrangez les épinards sur des mies de pain passées au beurre, unissez avec un couteau trempé dans de l'œuf, panez le dessus de mies de pain, et faites frire. Servez sans sauce.

ROTIES DE TOUTES SORTES DE VIANDES.

Prenez telle viande que vous jugerez à propos, de celle qui a été desservie de la table ; coupez-la en petits dés pour en faire un ragoût bien lié ; quand il est froid, vous y mettez deux jaunes d'œufs crus ; dressez votre viande sur des tranches de pain, unissez le dessus avec un couteau trempé dans de l'œuf, panez de mie de pain, faites frire de belle couleur. Servez avec une sauce claire.

DE LA PATISSERIE.

IDÉES GÉNÉRALES.

Il n'entre point dans notre plan de donner un traité complet de la pâtisserie, nous n'indiquerons que les préparations qui peuvent s'employer dans tous les ménages, et nous nous attacherons principalement à celles qu'on peut exécuter dans le four de campagne ou dans la tourtière ordinaire. Cependant, comme il se trouve dans presque toutes les cuisines de petits fours à pâtisserie, il est bon d'indiquer aux cuisinières les moyens d'en tirer parti, surtout dans les campagnes, où l'on n'a pas, comme à Paris, la facilité de se procurer à toute heure chez les pâtissiers tout ce que l'on peut désirer.

Les principes généraux se réduisent à cet égard à bien peu de chose ; il suffit de savoir que la viande mise en pâte exige, pour obtenir le même degré de cuisson, une demi-heure de plus que dans la braisière.

Quant au degré de chaleur qu'il convient de donner au four, il dépend de la grosseur des pièces qu'on doit y faire cuire, les plus faibles pouvant ne s'enfourner que graduellement. La seule règle générale qu'on puisse donner à cet égard, c'est que les pâtes brisées doivent être saisies par une chaleur vive ; les feuilletages au contraire exigent une chaleur modérée, sans cela ils n'auraient pas le temps de gonfler.

Lorsqu'on a de très-grosses pièces à faire cuire, telles que des pâtés de chevreuil, de cerf, de sanglier, on chauffe son four avec de grosses bûches et vivement ; on le chauffe avec de simples fagots mélangés de menus bois pour les pièces d'un moindre volume. Pour les pâtisseries croquantes qui demandent à être desséchées sans être surprises, le four doit avoir été chauffé lentement. afin que les parois intérieures bien pénétrées par la chaleur, la conservent plus longtemps.

Une cuisinière qui se trouverait à la campagne sans avoir, à cet égard, aucune expérience (car c'est dans ce cas-là surtout que la théorie ne peut pas remplacer la pratique) ferait bien de tenter, lorsqu'elle se servirait de son four pour la première fois, plusieurs essais, tel que celui de faire cuire du pain de plusieurs espèces, ou bien quelques grosses pièces de bœuf pour la table des domestiques, etc., etc. Quand elle saurait combien il a été employé de fagots ou de bûches pour obtenir tel ou tel degré de chaleur, elle pourrait alors se régler là-dessus d'une manière sûre.

PATE A DRESSER.

L'on met sur une table une certaine quantité de belle farine, plus ou moins grande, suivant qu'on a besoin de plus ou moins de pâte. Faites un trou au milieu, et mettez-y par chaque livre de farine 12 grammes de sel fin, 125 grammes de beurre, trois œufs et un verre d'eau; pétrissez tout cela dans votre farine peu à peu; mouillez encore avec de l'eau s'il est nécessaire, mais pas beaucoup, car il faut que votre pâte soit d'une consistance ferme. Pétrissez et maniez-la à force de poings, et le plus promptement possible, surtout en été; couvrez-la d'une serviette, et laissez-la reposer deux heures avant de vous en servir. Cette pâte sert pour les fonds d'abaisse de tous les pâtés froids et chauds, ainsi que pour les figures et enjolivements dont on veut orner le dessus des pâtés.

PATE BRISÉE.

On fait avec cette pâte le dessus des pâtés. Pour cet effet, au moment de dresser le pâté, vous prendrez la moitié de votre pâte, vous la remaniez et l'étendez avec un rouleau, de l'épaisseur d'un demi-doigt; on y place de distance en distance de petits morceaux de beurre, puis repliez la pâte sur elle-même, comme une serviette; étendez-la encore avec le rouleau, et répétez cette opération trois fois de suite. Ayez soin de saupoudrer la table et le rouleau de farine, afin que la pâte ne s'y attache pas.

DE LA PATE FEUILLETÉE.

La manière la plus sûre de réussir toujours à faire d'excellente pâte feuilletée est celle que nous allons indiquer ; elle paraîtra d'abord minutieuse, mais l'on ne peut guère s'en écarter sans des inconvénients graves, et elle est d'ailleurs moins dispendieuse que la manière ordinaire.

Mettez sur une table environ un kilogramme de fleur de farine, douze grammes de levure de bière, du sel pilé très-fin en quantité suffisante. Faites un trou au milieu de votre farine, versez-y un peu d'eau tiède, détrempez le tout ensemble, pétrissez-le bien peu à peu jusqu'à ce que vous ayez obtenu une pâte ferme et bien liée, et qu'il n'y reste aucun grumeau. Formez-en une masse, saupoudrez-la de fleur de farine, et couvrez-la d'un linge chaud plié en plusieurs doubles, et par-dessus un morceau d'étoffe de laine. Laissez-la lever et se rasseoir l'espace d'une demi-heure; prenez ensuite votre pâte, saupoudrez votre table de farine, étendez-la dessus au rouleau jusqu'à ce qu'elle n'ait plus que trois ou quatre lignes d'épaisseur. Prenez alors du beurre bien frais que vous ferez fondre sur de la cendre chaude dans un plat, jusqu'à ce qu'il n'ait plus que la consistance d'une crème épaisse ; fouettez-le légèrement pour le faire mousser comme des blancs d'œufs à la neige avec un pinceau de blaireau très-doux. A défaut de pinceau de blaireau, on peut employer un petit balai de plumes moyennes, et naturellement arrondies par le bout; prenez de votre beurre fondu et fouettez, et étendez-en une couche sur votre pâte. Doublez-la sur-le-champ, soupoudrez-la par dessus et étendez-la au rouleau autant qu'elle l'était la première fois; vous lui donnerez alors avec votre pinceau une seconde couche bien égale de beurre fondu, doublez-la une seconde fois, et la saupoudrant de fleur de farine, étendez-la au rouleau bien uniment; vous répétez le même procédé cinq ou six fois en tenant toujours votre rouleau bien solide, et en pressant bien également pour que le beurre qui se trouve enfermé dans les feuilles intérieures ne les crève pas. Vous étendez ensuite votre pâte de l'épaisseur de 3 millimètres, et l'employez à tels usages que vous désirez. Dans les pays où l'on ne connaît pas le levain de bière, il faut bien se garder d'en employer d'autre, et préparer sa pâte sans aucun levain; on la laisse alors revenir d'elle-même un peu plus longtemps.

On fait de la pâte feuilletée d'une manière plus simple, en coupant son beurre par morceaux, et en le piquant dans sa pâte, mais outre qu'on emploie beaucoup plus de beurre, le plus souvent on manque son feuilletage.

PATE AUX GELÉES DE VIANDE.

Faites une gelée quelconque, selon quelqu'une des méthodes généralement usitées, et servez vous-en en place d'eau pour détremper votre farine. Vous feuilletez ensuite votre pâte, en y ajoutant du beurre, de la manière que nous venons d'indiquer dans l'article précédent. La seule précaution à prendre est d'entretenir sur la table où l'on pétrit cette pâte, une chaleur douce, afin que la gelée qu'on ne doit avoir ramollie qu'à une chaleur douce, ne s'y coagule pas de nouveau durant le maniement. On prépare, d'après ce procédé, des pâtes avec des gelées ou bouillons de toutes sortes de viandes, et même avec les sucs extraits des plantes et des fleurs; elles sont très délicates, très-saines, et flatteuses pour le goût. On les emploie souvent chez l'étranger. Elles réussiraient également en France si on en faisait l'essai.

PATÉ DE LIÈVRE.

Préparez une pâte brisée et une caisse. Prenez ensuite un lièvre écorché, vidé et suffisamment mortifié. Piquez-le de petit lard, et assaisonnez-le d'épices mélangées; s'il n'a pas été désossé, brisez-lui les os, de façon à pouvoir le placer à votre fantaisie dans la pâte. Faites-lui un lit avec quelques bardés de lard et une bonne couche de hachis; enveloppez-le de bardes de lard très-fines, et posez-le dessus. Vous fermez ensuite votre caisse avec un couvercle de pâte, fait comme on l'a indiqué ci-dessus en pratiquant un petit trou pour laisser passer la fumée.

Les pâtés de levraut et de lapin se font de la même manière.

PATÉ DE VOLAILLE.

Les poulardes et les chapons les plus jeunes et les plus gras y sont les plus propres; désossez-les, ou ajustez-les proprement, piquez-les de lardons convenablement assaisonnés. Préparez ensuite une caisse de pâte brisée, au fond de laquelle vous étendez des bardes de lard et un hachis fait d'après les procédés indiqués, en y ajoutant les foies; placez vos poulardes et chapons sur ce lit, et fermez votre caisse à l'ordinaire. Si le four est très-chaud, vous y laissez votre pâté tout au plus une heure et demie; à chaleur modérée, il faut l'y laisser deux heures. Une demi-heure avant de le retirer, introduisez-y par le trou que vous avez pratiqué pour en laisser sortir la fumée, quelques jus de gelée, en raison de sa grandeur.

VOL-AU-VENT.

Faites avec de la pâte feuilletée des abaisses d'une grandeur et épaisseur double des pièces de 5 francs

en argent ; on fait cuire ces abaisses d'avance ; on les
ouvre et on les remplit de boulettes de godiveau, avec
garniture de cervelles, ris de veau, champignons,
truffes, etc. Toutes ces choses doivent être assaisonnées
de bon goût, et on y joint la sauce dans laquelle on
les a fricassées.

TOURTE D'ENTREMETS, TOURTE DE FRUITS.

Garnissez le fond d'une tourtière bien beurrée
d'une abaisse en pâte feuilletée ; faites un rebord de
trois ou quatre couches de la même pâte, et étendez
dans l'intérieur des fruits de la manière ci-après : les
pommes doivent être coupées par tranches, les abricots ou pêches par moitiés ou quartiers, sans noyaux ;
les prunes et les cerises sans noyaux, mais entières.
Avant de les mettre dans la tourte, vous ferez subir
à vos fruits l'opération suivante : faites bouillir dans
une casserole un verre de vin avec un quart de sucre ;
passez-y votre fruit pendant cinq minutes ; ajoutez un
petit verre d'eau-de-vie ; faites égoutter ; placez-le
sur la pâte et mettez au four. Quand votre tourte est
cuite, vous l'arrosez du sirop dans lequel vous avez
passé les fruits. C'est de la même manière que vous
pouvez faire des tourtes avec toutes sortes de marmelades de confitures et de fruits.

MANIÈRE DE FAIRE LES BRIOCHES.

Prenez de la fleur de farine, en proportion de la
grosseur ou de la quantité de brioches que vous désirez faire. Pétrissez-en une partie, environ le tiers,
avec de l'eau tiède et de la levure de bière. Faites
votre pâte un peu molle, et laissez-la lever pendant
une demi-heure, en la couvrant d'un linge chaud plié
en quatre ou d'une couverture de laine.

Quand votre pâte est levée, pétrissez avec le reste de
votre fleur de farine, et formez-en une masse. Ajoutez-y une quantité suffisante de sel fin. Sur un demi-

boisseau de farine, mesure de Paris, joignez à votre pâte dix jaunes d'œufs et 750 grammes de beurre; mêlez le tout ensemble le mieux qu'il vous sera possible en le pétrissant avec force à plusieurs reprises. Laissez-le reposer sept à huit heures. Alors vous formez vos brioches de telle forme que vous le désirez. Dorez-les en les mettant au four.

Le grand secret pour réussir toujours à exécuter ce genre de pâtisserie, sans y rien laisser à désirer, est de la travailler longtemps, et de n'y employer que du beurre et des œufs frais.

DES MERINGUES.

Prenez six blancs d'œufs, fouettez-les jusqu'à ce que vous ayez obtenu une neige parfaite; ajoutez-y quatre à cinq cuillerées de sucre en poudre, et de l'écorce de citron râpé très-fine, en quantité suffisante. Fouettez le tout ensemble, prenez-en une pleine cuillère à soupe. Dressez vos cuillerées à distance de trois centimètres sur une feuille de papier blanc, saupoudrez-les de sucre, et mettez-les un instant dans le four à chaleur modérée, ou si mieux vous l'aimez, dans une tourtière avec du feu dessus et dessous. Lorsque vos meringues seront gonflées et dorées, détachez-les du papier, creusez un peu le dedans par le dessous, remplissez-le de quelque confiture ou gelée, rapprochez-les deux à deux en les soudant avec du blanc d'œuf et du sucre; remettez-les un instant au feu pour que la soudure puisse tant soit peu se consolider, et servez-les froides.

DES CASSE-MUSEAUX.

Mêlez dans une terrine ou dans un baquet du fromage le plus frais possible : amalgamez-y du beurre, du jaune d'œuf et de la fleur de farine. Formez-en, avec de la levure de bière ou toute autre, une pâte fine en la battant une heure et demie avec la main on avec un morceau de latte de chêne. Lorsqu'elle sera bien liée et de moyenne consistance, dressez vos casse-museaux avec une cuillère à bouche sur des plateaux. Mettez-les au four pendant environ un quart d'heure, ou jusqu'à ce qu'ils soient gonflés ou dorés.

GALETTE A LA BOURGEOISE.

Pétrissez un morceau de pâte levée avec du beurre frais et des œufs, en ajoutant autant de farine qu'il est nécessaire pour que cette pâte soit un peu ferme ; aplatissez avec le rouleau de l'épaisseur d'un doigt ; dorez avec un jaune d'œuf, et répandez çà et là de petits morceanx de beurre. Mettez au four avec le pain, et tirez-la quand elle est cuite et de belle couleur.

RAMEQUINS (Pâtisserie légère).

Mettez dans une casserole un demi-verre d'eau et un morceau de beurre ; quand le beurre est fondu, ajoutez de la farine et un peu de sel ; remuez toujours avec la cuillère de bois jusqu'à ce que la pâte quitte la casserole ; mettez cette pâte dans un mortier avec deux fois autant de beurre et environ cent vingt-cinq grammes de gruyère râpé ; pilez le tout ensem-ble, en y ajoutant l'un après l'autre les jaunes de quatre ou cinq œufs, dont vous fouettez les blancs à part. Mettez ces blancs fouettés avec la pâte, et distri-buez cette pâte dans des caisses de papier que vous avez soin de ne remplir qu'à demi pour laisser place au renflement. Faites cuire au four ou dans la tour-tière pendant un quart d'heure, et quand les rame-quins sont bien renflés, servez-les promptement.

GAUFRES.

Prenez cent grammes de farine et environ moitié plus de crême fraîche, un demi-kilo de sucre en poudre ; battez la farine avec la crême ; quand il ne reste plus de grumeaux, on y jette le sucre, et on ajoute de la crême et un peu d'eau de fleur d'oranger ;

l'on fouette le tout de façon que le mélange soit aussi clair que du lait; on chauffe alors le gaufrier, et on le graisse avec un pinceau trempé dans du beurre frais fondu dans une casserole de terre; on met une cuillerée et demie de mélange pour former la gaufre et on presse un peu le fer pour la rendre plus délicate; on la pose sur du charbon allumé dans un fourneau, et quand la gaufre est cuite d'un côté, l'on retourne le fer de l'autre. Pour s'assurer du degré de cuisson, on entr'ouvre tant soit peu le fer; si la gaufre est bien colorée, on la retire à l'aide d'un couteau que l'on passe dessous. Vous saupoudrez vos gaufres de sucre en poudre, à mesure que vous les retirez du gaufrier.

BISCUITS ORDINAIRES.

Prenez huit œufs que vous mettez dans une balance, mettez aussi pesant de sucre de l'autre côté de la balance, ensuite un poids égal de farine. Mettez cette farine sur une assiette, cassez les huit œufs, mettez les blancs à part dans une terrine, et les jaunes dans une autre terrine avec du sucre et un peu d'écorce de citron vert haché très-fin; battez vos jaunes d'œufs avec le sucre pendant une demi-heure, fouettez ensuite les blancs jusqu'à ce qu'ils soient en neige, mêlez-les avec le sucre et les jaunes; alors vous démêlez peu à peu, dans le tout, votre farine en le remuant toujours; prenez des moules de fer-blanc ou de papier, beurrez en dedans du beurre fin; mettez-y votre pâte; ne les emplissez qu'à un peu plus de moitié; jetez du sucre fin par dessus, et faites-les cuire au four à chaleur douce pendant une demi-heure. Quand ils sont d'une couleur dorée, vous les retirez du four, et des moules quand ils sont à demi froids.

GATEAU DE SAVOIE.

Prenez huit œufs, séparez les blancs d'avec les jaunes que vous mettez dans une terrine avec trois quarts de sucre fin en poudre et la râpure jaune d'un citron; tournez les jaunes d'œufs avec le sucre jusqu'à ce qu'ils soient bien amalgamés; fouettez vos blancs d'œufs en neige très-épaisse; puis, mêlez-y vos jaunes légèrement, en y ajoutant à travers un tamis 250 gr. de belle farine bien sèche; mêlez bien le tout; versez votre pâte dans des moules comme il est dit à l'article précédent et finissez de même.

TALMOUSES.

Formez de petits ronds de pâte feuilletée en la coupant avec un verre; mettez sur chacun un morceau de fromage blanc après l'avoir battu avec des jaunes d'œufs, de la fleur d'oranger et du sucre; faites cuire le tout dans une casserole, placez-en un petit morceau sur chaque rond de pâte, et retroussez-en les bords. Mettez-les au four à chaleur modérée après les avoir dorées.

GATEAU DE LISBONNE.

Faites fondre 250 gr. de bon beurre, écume et tirer au clair dans une terrine; aussitôt refroidi, tournez avec une cuillère de bois jusqu'à ce qu'il devienne comme de la crême; alors ajoutez 250 gr. de sucre en poudre, et en tournant toujours, mêlez-y à un un six œufs, 250 gr de belle farine tamisée et une écorce de citron, ou de la muscade, suivant le goût. Après avoir bien mêlé, on verse la composition dans un ou plusieurs moules, bien pressés, et on fait cuire à une chaleur modérée. Il faut qu'il reste trois quarts d'heure au four.

TOURTE DE CRÊME.

Garnissez une tourtière d'une abaisse et d'un rebord, de pâte comme pour les tourtes de fruits; remplissez avec une crême faite davance d'après les procédés indiqués p. 00. Il faut que la crême soit refroidie avant de la verser sur la pâte; dorez les rebords de votre tourte, et faites cuire au four. Avant de servir, saupoudrez de sucre et caramelez avec la pelle rouge.

DES COMPOTES, DES CONFITURES ET DES FRUITS A L'EAU-DE-VIE.

INSTRUCTION POUR CONFIRE LES FRUITS.

Avant de confire les fruits, il est nécessaire que le sucre soit clarifié; pour cela faire, on suivra la méthode ci-après :

MANIÈRE DE CLARIFIER LE SUCRE.

Mettez dans une bassine de cuivre à deux anses, 2 à 3 kilog. de cassonnade, plus ou moins; versez de l'eau sur votre cassonnade jusqu'à ce qu'elle en soit recouverte de quelques lignes. Faites bouillir le tout, en y jetant quelques blancs d'œufs avec leurs coquilles concassées; écumez souvent, et ajoutez de temps en temps un peu d'eau s'il en est besoin. Quand ce sirop prend aux doigts, retirez-le et passez-le à la chausse pour vous en servir au besoin. Si on voulait le conserver longtemps, il faut le faire cuire davantage.

COMPOTES DE POMMES ET DE POIRES.

Pelez votre fruit, coupez-le par quartiers, ôtez-en les pépins, arrangez-le dans un poêlon ou dans une casserole, avec partie de leur pelure en dessus; elle y donne du goût et du parfum. Mettez-y du sucre raffiné en raison de votre quantité de fruit, et suffisamment d'eau pour l'empêcher de prendre au fond du vase. Quand votre fruit est cuit d'un côté, enlevez les pelures, et retournez-le.

Lorsqu'il est suffisamment cuit, arrangez-le dans un compotier, en versant dessus votre sirop.

D'autres font cuire leur fruit dans son propre jus dans le four de campagne, en mettant du feu dessus et dessous.

D'autres y ajoutent un peu de cannelle en écorce, ou un peu d'écorce de citron, ou l'un et l'autre ensemble. Ces manières sont également bonnes, et dépendent des goûts.

COMPOTES DE PRUNES.

Faites cuire une livre de prunes avec un demi-litre d'eau, un demi-verre de vin, cent vingt-cinq grammes de sucre et quelques petits morceaux de cannelle, jusqu'à ce qu'elles fléchissent sous les doigts ; dressez-les dans le compotier, et si votre sirop n'a pas assez de consistance, faites-le réduire et versez sur les prunes.

COMPOTES DE CERISES, DE FRAISES, DE FRAMBOISES, DE GROSEILLES, DE RAISINS ET DE VERJUS.

Elles se font comme celles de prunes. C'est toujours dans la proportion de cent vingt-cinq grammes de sucre et un demi-litre d'eau sur chaque cinq cents grammes de fruit qu'on emploie.

SALADE D'ORANGES POUR DESSERT.

Coupez-les par tranches avec leur peau, saupoudrez-les de sucre et arrosez-les de vin ou d'eau-de-vie.

SALADE DE PÊCHES.

Ayez de belle pêches qui soient à leur vrai point de maturité ; pelez-les et coupez-les par tranches ; saupoudrez-les de sucre, arrosez-les d'excellente eau-de-vie, et servez dans un compotier.

GROSEILLES PERLÉES.

L'on choisit de belles grappes de groseilles bien mûres ; vous les trempez dans un liquide composé d'un verre d'eau et d'un blanc d'œuf battus ; faites-égoutter pendant deux minutes ; roulez-les dans du sucre en poudre et mettez-les sécher sur du papier ; le sucre se cristallisera autour de chaque grain, ce qui fournira un plat de dessert d'un effet brillant.

CONFITURES DE GROSEILLES.

Prenez des groseilles bien mûres, sur lesquelles un peu plus de moitié de blanches; vous mettrez des framboises, blanches si c'est possible, dans la proportion d'un demi-kilo sur dix kilos de groseilles; égrenez vos groseilles et framboises sans perdre le jus.

Lorsqu'elles sont égrenées, pesez-les pour régler la quantité de sucre, puis mettez dans une bassine sans une goutte d'eau; quand votre fruit a jeté cinq six bouillons, passez alors le jus dans un tamis ou dans un linge neuf en pressant pour exprimer le jus.

L'on met ordinairement 250 grammes de sucre pour un demi-kilo de fruits; mettez ce sucre avec le jus des fruits dans la bassine et faites cuire vos confitures à grand feu; écumez-les bien; lorsqu'elles commencent à perler, c'est-à-dire lorsqu'elles forment de petites boules qui s'amoncellent, elles sont assez cuites; pour vous en assurer, vous prenez un peu de confiture dans une cuillère, et l'exposez au froid, si elle se congèle ou se fige, elles sont assez cuites.

CONFITURES DE CERISES.

Otez les queues et les noyaux des cerises, pesez votre fruit, et mettez une égale quantité de sucre sur le feu; faites-le fondre avec un verre d'eau, un verre de jus de groseilles et un demi-verre de jus de framboises; quand le sucre sera à son degré de cuisson, vous y mêlerez vos cerises, donnez-leur une petite heure de cuisson sur un feu doux, ayez soin d'ôter l'écume, et après les avoir laissé un peu refroidir dans la bassine, vous les mettrez dans des pots, et les laisserez entièrement refroidir avant de les couvrir.

CONFITURES DE FRAMBOISES.

Mouillez d'une quantité d'eau suffisante 250 grammes de sucre, mettez-le ensuite sur le feu dans une casserole. Quand votr sucre est fondu, jetez dedans un demi-kilo de framboises, bien choisies, très-mûres et bien saines; laissez-les-y cuire bien lentement pendant une couple d'heures. Il faudra de temps en temps les remuer légèrement avec une cuillère, et écumez. On finit comme pour les confitures de groseilles.

CONFITURES DE PRUNES DE MIRABELLE.

Prenez environ 5 kilos de prunes de *mirabelle*, dont vous retirez les noyaux, et mettez-les cuire dans la bassine pendant environ un quart d'heure; passez ce fruit de la même manière que la groseille; conservez ce jus, et épluchez la quantité d'autres prunes que vous voulez employer; ensuite, mêlez les prunes crues avec ce jus, après avoir pesé pour régler la quantité de sucre. Cette confiture exige au plus 125 grammes de sucre par demi-kilo de fruits : Mettez votre sucre avec les prunes et le jus, et faites cuire, en remuant sans cesse, mais avec précaution, car cette espèce de confiture s'attache très-facilement. On reconnaît la cuisson à l'entière évaporation de toute humidité.

Les confitures de *reine-claude* se font de la même manière mais en employant un peu moins de sucre et en laissant cuire un peu plus longtemps.

GELÉE DE COINS.

Prenez des coins sains, bien jaunes, et qui n'aient pas encore atteint leur parfaite maturité; pelez-les, coupez-les par quartiers et faites-les cuire avec seulement assez d'eau pour qu'ils trempent. Quand ils sont bien cuits, vous les tordrez dans un linge; clarifiez le jus par la chausse; pesez-le, et mettez-le avec trois quarts de son poids de sucre dans une bassine : n'oubliez pas d'y mettre un morceau de cannelle; faites cuire le tout ensemble jusqu'à ce qu'il soit en gelée;

retirez du feu, et videz dans des pots quand elle sera refroidie.

MARMELADE D'ABRICOTS.

Prenez des abricots bien murs, ôtez-en les noyaux et la peau, coupez-les par morceau et pesez-les; prenez un demi-kilo de sucre pour demi-kilo de fruits, faites-le fondre dans une bassine avec un demi-litre d'eau par demi-kilo de sucre, sur un feu très-doux, et après l'y avoir fait bouillir une bonne demi-heure, vous y joindrez vos abricots; continuez à faire bouillir sur un feu doux pendant une heure ou une heure et demie; ayez soin de remuer continuellement votre marmelade, crainte qu'elle ne brûle au fond. Pour connaître si elle est cuite, mettez-en un peu au bout de votre doigt; si, en appuyant le pouce dessus et le relevant, elle est collante et forme un petit filet, la marmelade est faite : alors vous la retirez et la mettrez dans des pots. Il y a des personnes qui aiment les amandes : dans ce cas, cassez la moitié des noyaux, jetez les amandes dans de l'eau bouillante afin d'en pouvoir retirer la peau : mettez ces amandes dans la confiture un peu avant de la retirer du feu; mêlez bien le tout pour que chaque pot puisse en avoir également. Ne couvrez vos pots que quand la marmelade sera entièrement refroidie. Cette marmelade est un aliment excellent et très-restaurant.

Les marmelades de *pêches*, de *prunes*, et de *reine-claude* se font absolument de même que celle des abricots, excepté qu'on n'y met point les amandes des noyaux, et la proportion de sucre étant de 250 grammes par demi-kilo de fruits.

RAISINÉ.

Prenez de bons raisins mûrs et cueillis par un temps sec, gardez-les quelques jours sur des claies pour les amortir; ensuite égrenez-les, exprimez le jus, et faites-le bouillir doucement; remuez sans discontinuer avec une spatule de bois et diminuez le feu à mesure que le raisiné s'épaissit. Continuez ainsi cette cuisson jusqu'à ce que le jus soit diminué des trois quarts. Alors, quand il aura la consistance convenable, vous le mettrez dans des pots que vous passerez sans les couvrir dans un four tiède jusqu'au lendemain. Alors vous tremperez des ronds de papier dans l'eau-de-vie, vous les couvrirez d'un autre papier, vous entourerez le tout d'une ficelle et vous placerez le raisiné dans un endroit sec.

Si vous voulez mettre des fruits dans votre raisiné, il faut que ces fruits, soit coins, poires de messire-Jean, ou autres, melons, écorces d'oranges, etc., soient préalablement blanchis dans l'eau bouillante jusqu'à ce qu'ils fléchissent sous les doigts, puis égouttés; vous les joindrez au raisiné quand il sera presque à moitié diminué; faites-les bouillir à petit feu, en les remuant sans cesse avec une spatule de bois. Lorsque vous verrez que votre raisiné s'épaissira, mettez-en un peu sur une assiette; si vous voyez qu'il se fige à l'instant, ôtez vite le chaudron de dessus le feu ; laissez reposer un instant, arrangez vos fruits dans les pots, versez le raisiné par-dessus, faites-les passer huit ou dix heures au four, et couvrez-les comme il est indiqué ci-dessus.

OBSERVATIONS TRÈS-UTILES POUR LA CONSERVATION DES GELÉES ET CONFITURES DE TOUTE ESPÈCE.

On ne doit jamais couvrir les pots que la gelée ne soit parfaitement refroidie; le mieux serait de ne le faire qu'au bout de quelques jours; ensuite on doit avoir soin de tremper son premier rond de papier, celui qui touche la confiture, dans *l'eau-de-vie* ; elle se conserve mieux et ne moisit jamais.

Il est indispensable de ne se servir, pour les sirops

et confitures, que de bassines, poëlons, et chaudrons *en cuivre*. On doit préférer celles qui ne sont *pàs étamées*.

Il ne faut rien laisser séjourner dans les bassines, à cause du vert-de-gris qui s'y formerait; c'est pourquoi il est important de verser les confitures dans les pots *aussitôt leur cuisson terminée*.

Il n'est pas bon de se servir d'un feu de bois, mais d'un feu de charbon bien soutenu.

On ne doit pas quitter ses confitures, tant qu'elles sont sur le feu : à mesure que l'écume se forme, on doit l'enlever et avoir soin que le sirop ou la confiture ne s'attache et ne brûle au fond de la bassine.

CERISES A L'EAU-DE-VIE.

Prenez des cerises belles, bien saines et pas trop mûres; coupez les queues à moitié et mettez les cerises dans un bocal ou une grande bouteille à large goulot, avec quelques clous de girofle et quelques morceaux de cannelle. Ecrasez dans une terrine 125 grammes de mûres par demi-kilo de cerises; mêlez-y un peu de framboises, et exprimez le jus par un tamis. Prenez ensuite 125 grammes de sucre par demi-kilo de cerises, faites-le clarifier avec un verre d'eau et cuire au degré du perlé; alors joignez-y le jus de mûres, faites faire une douzaine de bouillons, et quand ce sirop sera refroidi, vous y mêlerez un litre d'eau-de-vie par demi-kilo de cerises; versez ce mélange dans vos bocaux et bouchez-les bien.

PRUNES A L'EAU-DE-VIE.

Prenez des prunes de reine-claude, ni trop vertes ni trop mûres; rafraîchissez le bout de leurs queues avec des ciseaux; clarifiez deux kilos et demi de sucre par 100 prunes; quand votre sirop est bien clair, tenez-le sur le feu à chaleur modérée; passez dedans vos prunes, en petites quantités, n'y en mettez que le nombre qui peut surnager sur la surface de votre poêlon, ne les y laissez séjourner que quelques secondes, et retirez-les avec l'écumoire avant que leur peau se gerce ou se crève. A mesure que vous les retirez du sirop, jetez-les dans l'eau-de-vie qui doit déjà être dans votre bocal. La dose de l'eau-de-vie est un litre par demi-kilo de sucre. Lorsque toutes vos prunes sont dans un ou plusieurs bocaux, versez dessus votre sirop par quantités égales, dès qu'il est assez froid pour ne pas les faire éclater. Si vos prunes ne baignaient pas également, ajoutez à chaque bocal de l'eau-de-vie, plutôt que du sucre, attendu que leur liqueur s'affaiblit à mesure qu'elles y mêlent leur eau. Cette méthode est beaucoup plus sûre, et elles conservent jusqu'à la fin leur verdeur.

ABRICOTS A L'EAU-DE-VIE.

Ils se font exactement de la même manière; s'ils étaient très-gros, on augmente un peu la quantité de sirop et d'eau-de-vie.

POIRES DE ROUSSELET A L'EAU-DE-VIE.

Il faut les peler et les passer ensuite au sirop : les doses de sucre et d'eau-de-vie sont les mêmes que pour les prunes.

RATAFIAT DE FRUITS ROUGES.

Prenez un kilo de cerises dont vous ôterez les queues et les noyaux, un demi-kilo de groseilles, un demi-kilo de guignes noires, un demi-kilo de framboises, un demi-kilo de mûres; écrasez tous ces fruits ensemble, mettez-les dans une cruche avec leur jus et les noyaux de la moitié des cerises que vous aurez pilées. Laissez cuver le tout ensemble pendant trois jours. Vous le passez ensuite par un tamis pour le remettre dans une cruche avec autant de jus que vous avez de jus de fruit. Vous y ajouterez 125 grammes de sucre par litre de ratafiat, et quelques écorces de cannelle. Laissez infuser le tout pendant deux mois, puis vous tirez votre ratafiat au clair pour le mettre dans des bouteilles.

Si l'on ne pouvait pas se procurer des mûres, on double la dose des framboises.

On fait des ratafiats de tels fruits que l'on désire par les mêmes procédés : les doses de sucre et d'eau-de-vie ne varient pas.

RATAFIAT D'ANIS.

Pour deux litres de ratafiat d'anis, faites fondre dans une poêle un demi-kilo de sucre avec un cinquième d'eau; écumez-le bien. Faites bouillir ensuite un cinquième d'eau; mettez-y en le retirant du feu 75 grammes d'anis, laissez-le infuser un quart d'heure; mettez-le avec son eau dans votre sirop, ajoutez-y un litre et demi d'eau-de-vie, remuez le tout ensemble; mettez-le dans une cruche; bouchez bien la cruche, exposez-la au soleil. Au bout de trois semaines, passez votre ratafiat à la chausse, et mettez-le en bouteilles.

BROU DE NOIX.

Prenez une douzaine de noix à demi formées, pelez-les légèrement, concassez-les, mettez-les dans une cruche avec un litre et demi d'eau-de-vie. Laissez-les infuser pendant six semaines dans la cruche; clarifiez un demi-kilo de sucre dans un cinquième d'eau, ajoutez-y votre sucre, et les autres ingrédients; ôtez les noix de votre cruche, versez-y le tout et l'y laissez infuser encore un mois en le bouchant bien. Au bout de ce terme, mettez-le en bouteilles.

MARRONS GLACÉS.

Si l'on veut avoir des marrons glacés ou candis, on fait un choix des plus beaux; on les fait cuire dans l'eau ; on les mêle, en prenant garde de les déformer ; on les met ensuite au sucre clarifié, que l'on fait tiédir, et que l'on verse sur les marrons dans une poêle ; on les laisse jusqu'au lendemain pour qu'ils jettent leur eau ; on les met ensuite égoutter quelque temps, et l'on donne dix ou douze bouillons au sirop dans lequel on jette les marrons pour les faire bouillir un bouillon. Il ne faut pas que les marrons trempent entièrement dans le sucre, et que le bouillon les couvre, parce qu'ils se déferaient tous.

Le lendemain de cette opération, on fait cuire le sucre seul à la grande plume presque à casser, et on le verse sur les marrons. Enfin pour les glacer, on fait cuire du sucre à la plume ; cependant on égoutte les marrons de leur sirop et on les jette dans le sucre cuit à la plume ; on blanchit le sucre en l'amenant et frottant avec la cuillère contre un côté de la poêle ; on y promène les marrons le plus légèrement qu'il est possible, en prenant garde de les rompre ; on les dresse ensuite sur des clayons ; ils y sèchent promptement, et sont d'une belle glace.

DU SERVICE DE LA TABLE.

La classification des mets nous donne sept espèces différentes, qui sont : *Potages, Relevés de potage, Hors-d'œuvre, Entrées, Rôts, Entremets, Dessert.*

Le repas se divise le plus souvent en trois services ; cependant il arrive quelquefois qu'on le partage en deux ou quatre.

Au moyen des deux figures placées ci-après, on se rendra facilement compte de la manière de disposer les mets pour une table à trois ou quatre services ; quant à celle de deux, on sert à la fois au premier les entrées et les entremets, et le deuxième se compose du dessert.

1er, 2e et 3e Services d'une table de 12 couverts, dessinés par moitiés.

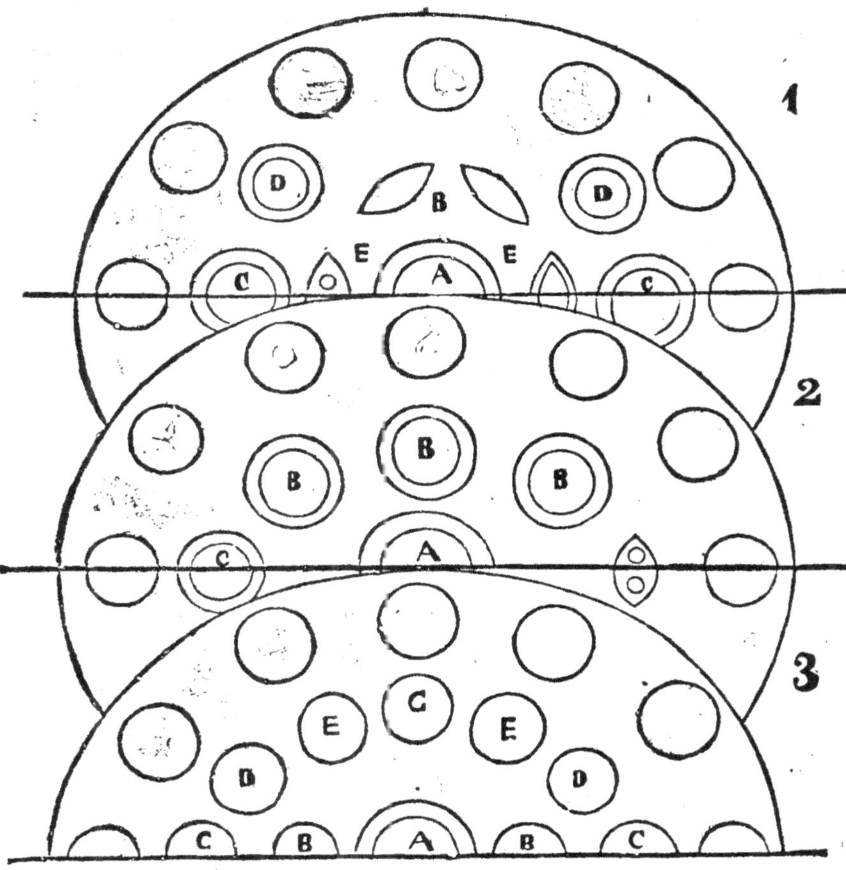

1er Service. A, potage; B. hors-d'œuvre froids; C, hors-d'œuvre chauds; D, entrées; E, huilier et saucière.

2e service. A; le rôti; B entremets; C. salade; D, huilier.

3e service. A, principale pièce; B, fromage et sucrier; C, fruits confts; D, fruits secs; E, tartes; F, biscuits; G, confitures.

Table de 16 couverts.

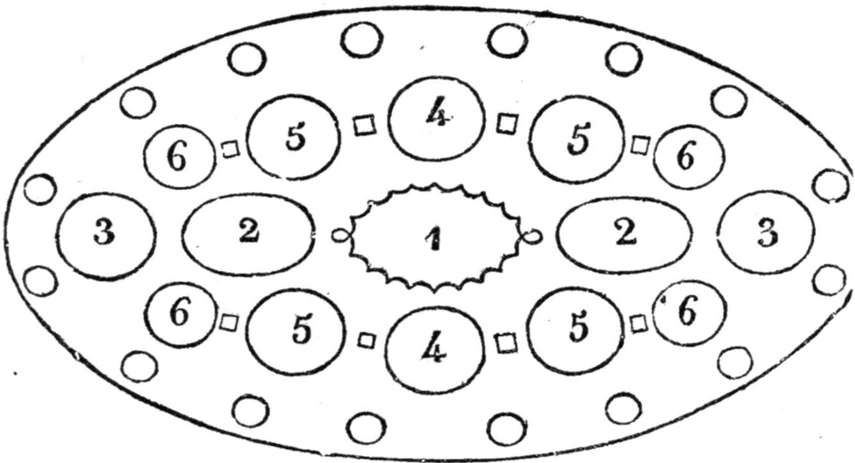

Premier Service.

1. Surtout pour le milieu.
2. Deux grosses entrées à côté du surtout.
3. Deux entrées plus petites.
4. Deux potages aux deux flancs.
5. Quatre hors-d'œuvre aux quatre coins des flancs.
6. Quatre hors-d'œuvre de boudinailles.
7. Huit assiettes d'huitres en dedans.

Second Service.

3. Deux relevés à la place des deux entrées.
4. Deux entrées pour relever les deux potages des flancs.
5. Quatre entrees aux quatre coins des flancs.
6. Quatre entrées aux quatre coins de la table.

Troisième Service.

2. Deux gros entremets aux deux contre-bouts.
3. Deux plats de rôts, aux deux bouts.
5. Quatre buissons d'oranges aux quatre coins des flancs.
6. Quatre plats de rôts aux quatre coins des buissons d'oranges.

Quatre salades aux quatre coins des rôts.

Quatre sauces à côté du surtout.

Quatrième Service.

3. Deux entremets aux deux bouts.
4. Deux entremets aux deux flancs.
5 et 6. Huit entremets chauds et froids.

Nota. Les numéros indiquent le placement sur la table des divers plats des quatre services d'un dîner.

COMPOSITION DU MENU D'UN REPAS.

Désirant que les personnes, même les moins initiées au service de la table, soient, après nous avoir lus, très-habiles dans cet art, nous allons donner l'explication des mots que l'on pourrait ne pas avoir compris, tels qu'entrées, entremets, etc., etc., et, en adoptant l'ordre suivi pour la table de douze couverts, p. 172. indiquer les mets que l'on pourrait y servir.

Premier service. Se compose, **A**, du *potage* qui, aussitôt servi, se remplace par le *relevé de potage :* c'est le plus souvent une pièce de bœuf ; **B**, *quatre hors-d'œuvre froids ;* **C**, *deux hors-d'œuvre chauds.* Les hors-d'œuvre se divisaient en deux classes, ceux dits *d'office* préparés d'avance et servis froids, comme petits radis, salade d'anchoix, cornichons, olives, beurre, sardines, huîtres, et ceux de cuisine *chauds,* tels que paupiettes de palais de bœuf, tête de veau frite, côtelettes de mouton grillées panées, saucisses, boudin, cuisses de levrauts en papillottes, poulet à la broche, pigeons à la bourgeoise, harengs grillés, moules crues, petits pâtés au naturel, etc., etc., aujourd'hui la dénomination de hors-d'œuvre ne s'applique que pour ceux dits d'office. Quant aux hors-d'œuvre chauds, ils ne se distinguent plus des entrées et sont confondus dans le service avec ces derniers. **D** *quatre entrées* qui sont des plats plus ou moins solides presque toujours avec sauce ; de gibier, volailles, poissons, viandes de toute espèce, tels que salmis de perdreaux, fricandeau à l'oseille, noix de veau aux truffes, fricassée de poulets. **E**, comme il est indiqué.

Deuxième service. **A** *le rôti,* soit dinde aux truffes, ou toute autre pièce de gibier ou volaille. **B**, *les entremets* qui sont *chauds* ou *froids :* ce sont des plats plus légers que les entrées, tels que poissons, légumes, pâtisseries, crême, œufs, omelettes et autres préparations sucrées. **C** et **D**, comme il est indiqué.

Troisième service. Le dessert. **A**, la plus grande pièce, tels qu'un rocher en grande pièce de pâtisserie. **B** et autres lettres, comme il est dit. Pour des tables plus considérables, on suivra la même méthode, en augmentant les plats en raison du nombre des convives, et en observant alors de mettre, comme nous le disons à la table de seize couverts, un surtout au milieu qu'on laisse pendant tout le dîner.

DES SOINS A DONNER A LA CAVE ET AUX VINS.

DE LA CAVE.

Une cave ne doit être ni trop humide ni trop sèche. Dans le premier cas, l'humidité attaque les cercles et les pourrit : il faut donc surveiller attentivement les tonneaux, et, pour éviter cette humidité, donner plus d'air à la cave. élever davantage les chantiers qui doivent supporter les futailles, et entretenir dessous la plus grande propreté.

Si la cave est trop sèche, l'évaporation des vins est plus grande, et par conséquent leur entretien plus coûteux, par rapport aux vidanges. On peut remédier à cet inconvénient en diminuant le nombre ou la grandeur des soupiraux. Dans ce cas, les tonneaux durent plus longtemps ; mais cette économie ne compense pas la perte du vin.

Le nord est l'exposition la plus favorable pour une cave, parce qu'alors la température est plus égale. Quant à sa profondeur, il faut qu'une cave ne soit pas trop élevée, car elle ressentirait immédiatement l'influence des saisons et les variations de l'atmosphère, qui seraient préjudiciables aux vins. C'est la raison pour laquelle on a coutume de fermer les soupiraux pendant les fortes gelées et les grandes chaleurs, afin d'empêcher l'action du froid et du chaud. Il faut avoir soin surtout de ne pas laisser accès aux courants d'air ou du moins de mettre les vins à l'abri de ces courants : car le passage brusque du froid au chaud et du chaud au froid les tourmente, leur donne une maturité précoce et quelquefois des maladies. Il leur faut une température presque égale en tout temps, mais plutôt fraîche que chaude. Ceci n'exclut pas le soin qu'on doit avoir de renouveler quelquefois l'air, surtout dans les caves profondes et humides. La précaution est encore plus indispensable dans celles qui recèlent ou avoisinent les fosses. Il faut aussi qu'elles soient éloignées de tous les corps susceptibles de fermentation, et de tous ceux qui, par une action directe ou indirecte, peuvent y concourir. A cet effet, elles doivent être à l'abri des secousses qui peuvent provenir du passage des voitures et du mouvement d'une usine : le tremblement que cela occasionne remue la lie, et peut faire tourner le vin à l'aigre en donnant naissance à la fermentation acéteuse.

Le fond d'une cave doit être uni et battu, et on doit y entretenir la plus grande propreté.

En résumé, une bonne cave est celle qui, recouverte d'une forte voûte, n'est ni trop obscure ni trop éclairée, d'une température égale, d'une humidité moderée, mais constante, qui soit à l'abri de toutes les commotions, et éloignée des lieux d'où sortent des exhalaisons fétides pouvant provenir des fosses d'aisance, des égouts, des marais, etc.

DES VINS ET DE LEUR DÉGUSTATION.

L'art de bien déguster les vins n'est pas donné à tout le monde ; il demande un tact assez fin pour distinguer et apprécier les différentes espèces que nous offre le sol, ainsi que celles qui nous viennent de l'étranger. Il n'est guère possible d'établir des principes sûrs pour la dégustation, d'après les variations que le même vin éprouve, suivant son âge, l'époque où on le goûte, et la manière dont il a été soigné.

Il est d'abord essentiel de s'assurer des caractères distinctifs du vin que l'on veut acheter, des variations auxquelles il est sujet de sa conservation, de sa durée, et de la manière dont il finit. Nous n'offrirons pas ici la nomenclature des caractères des diverses espèces de vins : l'habitude de la dégustation et la comparaison fréquente des variétés des crûs sont le guide le plus sûr. Il est facile de reconnaître l'état du vin que l'on veut se procurer, si l'on s'est assuré du bouquet, du goût et des qualités que l'on doit y rencontrer.

On appelle bouquet le parfum qui s'exhale du vin exposé à l'air. Ce bouquet, en général, ne peut servir de renseignements que pour les vins fins, et encore y a-t-il de nombreuses exceptions, car ces mêmes vins le perdent quelquefois en vieillissant : chez les uns il se développe promptement, et beaucoup plus tard chez les autres.

Si un vin fin est dépourvu de bouquet, on peut conclure hardiment qu'il est mélangé.

Les vins ordinaires, quoique de première qualité, n'ont point de bouquet, ou rarement. On peut donner à un vin quelconque un bouquet artificiel par le moyen de l'arôme de quelques végétaux ; mais ce bouquet est facile à reconnaître, parce qu'il est de peu de durée. Ce sont l'iris, la violette, la framboise et d'autres fleurs ou fruits odoriférants, que l'on emploie pour cette imitation.

Le vin d'une mauvaise année est rarement vendu sans mélange ; mais un vin mélangé n'est point dangereux lorsqu'il est combiné avec d'autres vins. Souvent même cette opération contribue à son amélioration et à sa conservation.

Il est bon d'observer qu'un vin naturel, à moins d'avoir obtenu son degré de maturité, est toujours moins agréable au goût qu'un vin mélangé.

Une couleur franche, en rapport avec la qualité du vin, et un degré de spiritueux convenable, sont les deux qualités essentielles qui constituent la bonté d'un vin ; l'absence d'un spiritueux rend presque toujours sa couleur louche et altérée. Les vins très-colorés sont ordinairement lourds, et d'un goût fade peu agréable : il n'y a que le temps qui peut corriger ces mauvaises qualités, et néanmoins ils peuvent généralement se garder plus longtemps. Les vins piquants conservent presque toujours leur mordant.

Le goût du terroir constitue assez souvent les caractères recommandables du vin : celui de pierre à fusil dans le chablis et le vin du Rhin, le parfum de la violette dans quelques-uns de Bordeaux et du Dauphiné, etc.

On ne doit pas rejeter toujours les vins qui sont verts et âpres : en vieillissant, ces vins perdent leur verdeur et leur âpreté.

Quoi qu'en disent les gourmets, il est très-difficile de

reconnaître un vin frelaté. Ce n'est que par une longue habitude et la connaissance approfondie des différents vins qu'il est possible de s'en apercevoir.

Parmi les substances employées aux falsifications, une seule est dangereuse : c'est la *litharge*. On l'emploie pour corriger l'acidité des vins, pour tempérer ou masquer leur mauvais goût, lorsqu'il tourne à l'aigre. On peut en reconnaître la présence en versant dans un verre de vin qu'on suppose lithargé, du foie de soufre; s'il en existe réellement, il se fera un dépôt abondant et noirâtre.

Quant aux autres falsifications, elles ne font que diminuer les bonnes qualités du vin sans entraîner aucun accident grave; mais, en général, la couleur n'est jamais aussi franche dans un vin altéré que dans un vin naturel.

Il est un point important à observer dans la dégustation des vins, c'est la différence que l'on trouve à un vin quelconque lorsqu'on le goûte à jeun ou après un repas, ou lorsque l'on n'est pas en parfaite santé : différence qui peut induire dans les plus grandes erreurs.

Quant aux caractères des vins les plus connus, on peut ainsi les assigner : le bourgogne inspire l'hilarité, il est généreux et aphrodisiaque: le bordeaux est stomachique, astringent pur, et rafraichissant mouillé d'eau; le champagne est délicat, parfumé et capiteux; celui du Rhin est léger, humectant. Quant aux vins du Roussillon, du Languedoc et du Dauphiné, ils sont ardents, spiritueux et restaurants.

DES VINS EN TONNEAUX.

Sans nous arrêter à la manière de placer les tonneaux dans une cave, qui est connue de tout le monde, nous dirons qu'il faut visiter les vins en tonneaux au moins une fois toutes les vingt-quatre heures; la surveillance doit être encore plus active aux environs des équinoxes : tout étant alors en fermentation, les exhalaisons du sol attaquent quelquefois si vivement les cercles, qu'ils éclatent tous ensemble. Dès que l'on s'aperçoit que le tonneau coule par suite de cet accident, il faut aussitôt le serrer le plus possible au moyen d'un cercle de fer brisé, pour avoir le temps de le soutirer. Quant aux autres accidents qui peuvent arriver au tonneau, on doit appeler un tonnelier, qui a les moyens d'y parer ou de les annihiler.

Les tonneaux doivent constamment être entretenus pleins ; et plus souvent on fait cette opération, moins l'évaporation est sensible et dispendieuse. Si l'on n'a pas soin de remplir les pièces, le vin s'altère, et il en résulte toujours la perte du bouquet et l'évaporation du spiritueux, et le vin contracte un goût d'évent. Pour couper court à cette altération, il faut le soutirer dans un tonneau fortement imprimé de mèche soufrée, le bien remplir et le boucher. On peut le coller ensuite, et le soutirer une seconde fois, mais il ne faut le mettre en bouteille qu'après qu'il a perdu entièrement son mauvais goût. Quand cette altération est bien prononcée, il faut absolument recourir au mélange avec un vin plus jeune et spiritueux, et encore dans des proportions doubles ou triples. Quelques personnes emploient aussi de la lie fraiche de vin nouveau, et même de l'alcool, ou esprit-de-vin, dans des proportions capables d'atténuer ou de faire disparaître l'altération.

COLLAGE DES VINS.

On pratique cette opération pour éclaircir les vins, les dégager de la lie et de la partie colorante, et qui ont le plus de dispositions à se déposer.

En conséquence, lorsqu'on a acheté du vin qui n'a pas encore été collé, on doit, après l'avoir laissé reposer quelques jours, procéder à cette opération ainsi qu'il suit : On commence par retirer cinq ou six bouteilles de vin qu'on veut clarifier ; on bat ensuite des blancs d'œufs avec une demi-bouteille de ce vin (quatre blancs d'œufs suffisent pour coller une pièce de vin rouge d'environ cent cinquante bouteilles). On introduit dans la pièce, par la bonde, un bâton fendu, à l'aide duquel on agite fortement, en lui imprimant un mouvement circulaire ; on le retire, et on verse les blancs d'œufs avec un entonnoir rincé avec un peu de vin, ainsi que le vase qui les contenait, afin de n'en rien perdre. On agite de nouveau le liquide avec le même bâton ; on remplit la pièce sur laquelle on frappe avec la batte, pour faire dégager toutes les bulles d'air, et détacher la mousse. On bouche ensuite la pièce avec un bondon fraîchement garni d'une toile ou d'un papier nouveau. On peut la mettre ensuite en bouteilles cinq ou six jours après. On peut employer la colle de poisson pour les vins rouges, mais on s'en sert plus généralement pour les vins blancs : nous nous dispenserons d'indiquer la manière de la faire, parce qu'on la trouve toute préparée dans le commerce. Un litre de cette colle suffit pour le collage d'une pièce d'environ deux cent cinquante bouteilles. On emploie le même procédé pour ce collage que pour celui des vins rouges. On se sert encore, pour le collage des vins rouges seulement, de la colle de gélatine, que l'on trouve toute préparée dans le commerce. On la fait dissoudre dans un peu d'eau tiède, et lorsqu'elle est bien fondue, on la bat avec du vin, comme nous l'avons dit pour les blancs d'œufs, et on la verse dans le tonneau avec la même attention que pour ces derniers.

Cette colle se vend en tablettes, une seule tablette du poids d'un demi-décagramme environ, suffit au collage d'une pièce. Il est à remarquer que cette colle a l'avantage de rendre le dépôt plus compacte, et par conséquent moins volumineux.

DES SOINS A APPORTER AUX VINS EN BOUTEILLES.

Il est reconnu que presque tous les vins déposent en bouteilles, plus ou moins, et sous différentes formes : mais tant qu'on ne les déplace pas, il est inutile de les transvaser ; c'est seulement quand on veut les mettre sur table qu'on fait cette opération, pour les rendre limpides, et qui consiste à déboucher la bouteille le plus doucement possible, pour ne pas agiter le dépôt, à vider dans une bouteille propre, et à s'arrêter aussitôt que le liquide se trouble. Il arrive quelquefois que le vin contracte un goût d'amertume en bouteilles, qui altère sa couleur et fait évanouir le bouquet. S'il ne peut se rétablir de lui-même, il faut vider les bouteilles dans une pièce, pour traiter le vin comme nous l'avons indiqué ci-devant pour les vins en tonneaux.

Il arrive aussi que les vins en bouteilles tournent à la graisse, surtout les vins blancs, ou bien qu'ils contractent un goût de vieux, il faudrait alors vider les bouteilles dans une pièce et leur faire subir le même traitement que nous avons indiqué pour les vins en tonneaux.

CONSERVATION DES VIANDES.

Voici comment on peut conserver de la viande pendant plusieurs mois : On remplit un vase avec de l'eau privée d'air par l'ébullition, on y jette de la limaille de fer, et on y introduit la viande à conserver ; ensuite on versé pardessus de l'huile d'olive, de manière à en former à la surface une couche de 1 à 2 centimètres.

Cette couche s'oppose presque entièrement à la dissolution de l'air dans l'eau, et la faible quantité d'oxygène qui pourrait s'y dissoudre est absorbée par la limaille de fer.

Lorsque l'huile et les graines servent de milieu aux matières alimentaires, celles-ci se trouvant presque entièrement à l'abri de l'air, se conservent un temps fort considérable, et, comme preuve de la bonté de ce procédé, on doit se rappeler la decouverte faite dans les fouilles de Pompéia d'olives conservées dans l'huile, où elles se trouvaient depuis environ 17 siècles. Plusieurs contrées de la France font d'ailleurs un commerce de volailles conservées de cette manière.

AUTRE SYSTÈME.

Tous les moyens qu'on a imaginés jusqu'à ce jour pour préserver les viandes de l'état de corruption, et de la mauvaise odeur qu'elles y contractent durant les chaleurs de l'eté se sont trouvés inutiles ou insuffisants. On met ordinairement tremper son bœuf dans du lait caillé, dans du bouillon de choucroûte, ou dans quelque saucière ou préparation minérale. Mais la chair est alors imprégnée de ces sucs étrangers, et elle perd ses sucs naturels et sa saveur. de telle sorte qu'on ne peut presque plus en tirer aucun parti avantageux.

La méthode qui m'a toujours le mieux réussi pour conserver ma viande pendant l'eté est, après celle indiquée plus haut, la suivante : Il faut suspendre, sans qu'elle touche à rien, sa viande fraiche dans un cellier ou dans un office qui n'aient, s'il est possible, d'ouvertures que du côté du nord, et l'entourer d'une toile, soutenue par un cerceau, afin de la garantir des mouches à vers. Mais avant, et dès qu'elle arrive de la boucherie, il faut bien la visiter et la nettoyer avec soin, en cas que la mouche y eût déjà donné. Par ce seul procédé, la viande se garde en bon état pendant trois jours, mais pas plus longtemps. Alors on coupe le reste de son bœuf en portions, pour autant de jours qui restent à s'écouler ; on fait cuire chaque portion dans un pot séparé, jusqu'à ce que la graisse surnage un peu, tout au plus pendant une heure, et l'on n'attend pas que la viande soit entièrement en état de cuisson ; ensuite on retire chaque pot du feu avec la viande et le bouillon, et on les porte dans l'office, où on les couvre avec soin. Observez qu'il faut bien se garder de les saler aucunement, lors de cette première ébullition. Cela fait, on prend, jour par jour, une des portions ainsi préparées, on la dégraisse, on sale sa viande et son bouillon, et on les laisse au feu jusqu'à ce qu'ils soient cuits au point désiré. Par ce moyen la viande peut se garder pendant les plus fortes chaleurs fraîche, sans contracter la moindre odeur, et rendre les mêmes services que la viande sortant de la boucherie.

Le veau et le mouton peuvent aussi, étant enveloppés d'une toile, se conserver pendant quelques jours. puis on fera revenir tant soit peu dans le beurre le veau qu'on destine à la broche, et on le remettra dans l'office dans un vase bien fermé ; ces deux sortes de viande, en subissant cette préparation. ne doivent être ni salées, ni conduites à l'état de cuisson. En prenant ces précautions, vous pouvez garder fraîches ces viandes pendant quelques jours encore, et lorsque vous voudrez les servir, vous les salerez, vous achèverez de les faire cuire, et les apprêterez de la manière accoutumée.

TABLEAU SUR LA DURÉE DE CONSERVATION DES VIANDES CRUES.

Une cuisinière doit savoir combien de temps chaque espèce de viande peut se conserver bonne et fraîche dans telle ou telle saison, ou dans tel ou tel état de l'atmosphère ; car elle ne prend que son odorat pour guide, il arrivera que, familiarisée à l'odeur, souvent sa viande sera gâtée. ou du moins ne sera plus ni fraîche, ni agréable, avant qu'elle puisse s'en apercevoir.

Nous donnons ici un tableau sur lequel on peut voir, au

premier coup d'œil, combien de temps la viande crue peut
rester à l'air sans se gâter.

ON PEUT CONSERVER BON.	L'ÉTÉ.	L'HIVER.
Le cerf et autres bêtes fauves. .	4 jours.	8 jours.
Le sanglier.	6	10
Le lièvre.	3	6
Le faisan.	4	10
La gélinote..	4	10
Le coq de bruyère.	6	14
Les perdrix.	2	6 et 8
Le bœuf et le porc.	3	6
Le mouton.	2	3
Le veau et l'agneau.	2	4
Le coq-d'inde, le canard et l'oie.	4	8
Le chapon.	3	6
La vieille poule.	3	6
Les poulets.	2	4
Les pigeonneaux.	2	4

Quand le temps est doux ou à la pluie, les viandes se
gardent quelque temps de moins.

Ce tableau, dressé pour des latitudes septentrionales,
peut servir de règle à Paris et dans les environs. Dans des
climats plus chauds, on pourra le graduer selon sa propre
expérience.

PRÉCAUTIONS A PRENDRE DANS LA PRÉPARATION DES
VIANDES POUR QU'ELLES SOIENT TENDRES ET DÉLICATES
BOUILLIES OU RÔTIES.

Avant de mettre à la broche ou au pot chaque espèce
de viandes, telles que bœuf, mouton et veau, il faut les
battre vigoureusement avec un rouleau de bois, au moins
pendant une demi-minute. C'est là le grand secret pour
rendre les viandes tendres et délicates. Mais, dans la plupart des ménages, l'on ignore ce procédé si simple, ou bien
les cuisiniers et cuisinières sont trop négligents pour l'employer.

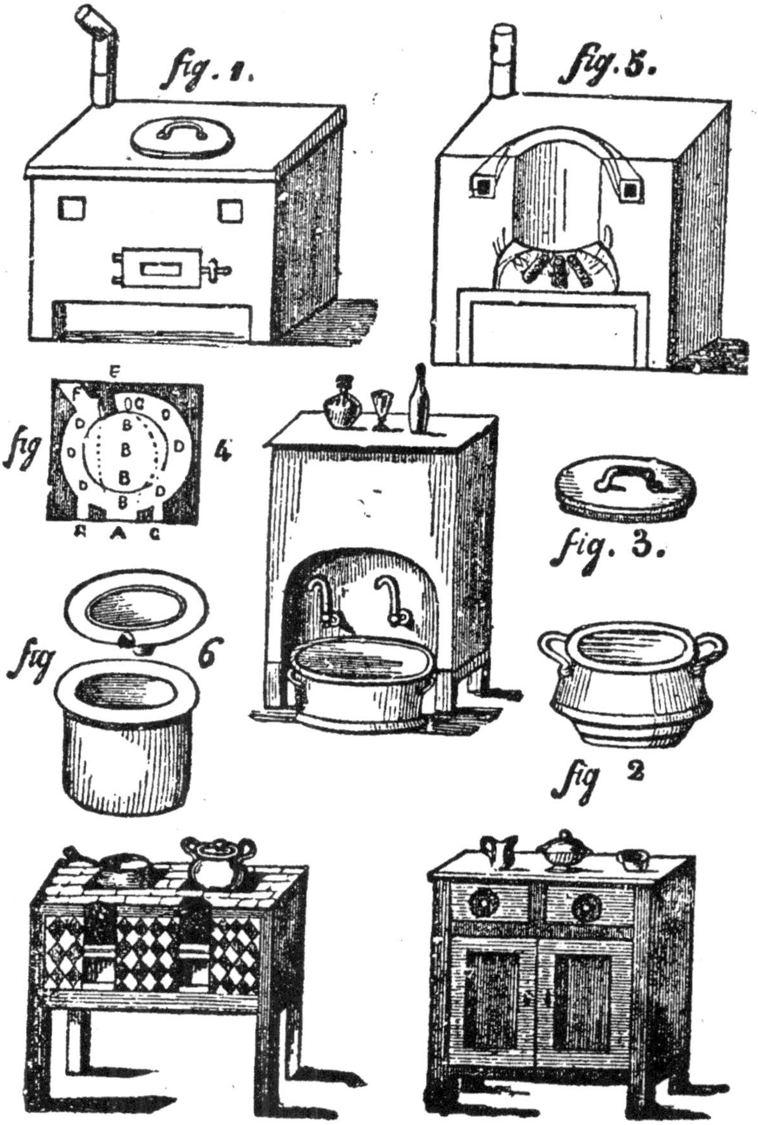
fig. 1.
fig. 5.
E
F
C
D
B
fig
4
A
fig. 3.
fig
6
fig
2

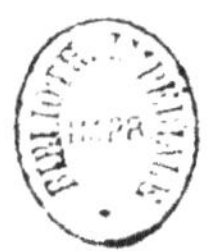

DES MEILLEURS APPAREILS DE CUISINE.

La plupart des auteurs qui ont écrit sur l'art culinaire ont paru redouter, avec raison, l'usage du cuivre, qui, malgré ses dangers et les funestes accidents qu'il a produits, n'a pas cessé d'être employé. L'auteur de l'ouvrage ayant pour titre *la Cuisine de santé* se borne à indiquer une doublure de fer-blanc adaptée à une marmite de cuivre, et des casseroles et poissonnières en fer-blanc. Il convient que les ustensiles de fer ou de fonte exposent à moins de dangers, mais il craint l'effet des émanations ferrugineuses.

C'est une opinion qu'il s'agit de combattre, et nous observerons à cet égard :

1° Que les émanations de l'étain, souvent mélangé de plomb, qu'on emploie dans l'étamage du fer-blanc et du cuivre, sont encore plus dangereuses que celles de la fonte de fer.

2° Que si l'on ne s'aperçoit pas dans les viandes cuites dans des ustensiles de fer-blanc de la dissolution de l'étain comme de celle du fer dans ceux de fonte non encore bien affranchis, c'est à cause de la couleur blanche de l'étain.

3° Que la dissolution du fer souvent employée intérieurement dans la médecine, ne peut avoir des inconvénients qu'autant qu'elle serait considérable, ce qui ne peut avoir lieu avec la bonne fonte. L'usure de la fonte n'est pas sensible ; celle de l'étain, métal moins dur, l'est beaucoup plus, ce qui est constaté par la fréquence des étamages.

4° Il n'en est pas de la fonte comme du fer battu qui se dissout facilement, tandis que la fonte se bonifie en servant, et se durcit de plus en plus par l'action du feu.

5° Et cette raison est sans réplique. Dans la majeure partie de la France et de l'Allemagne on s'est toujours servi de marmites de fonte, sans en ressentir aucun inconvénient, préférablement même à la poterie de terre, dont le vernis, composé avec une préparation où il entre du plomb, a aussi ses dangers.

Rien n'egale la commodité des tourtières et des daubières en fonte. Elles vont avec un très-petit feu de charbon qu'on recouvre de cendres aussitôt que la viande a pris le roux ou qu'elle a bouilli sur un fourneau : dans les pays où le combustible est rare, on ne s'en sert que de cette manière

après en avoir fait couper les pieds presque ras ou à quelques millimètres du fond.

La meilleure fonte est la plus aigre et celle sur laquelle
la lime a le moins de prise.

Il ne faut jamais récurer les ustensiles de fonte ni avec
le sable ni avec le grès, mais les laver à l'eau chaude, les
bien essuyer, leur faire prendre l'air, et les traiter à peu près
comme les poêles à fritures.

Les couvercles des daubières décrits page 184 sont en
fer-blanc simple, parce que le moyen de faire une bonne
daube n'est pas de la couvrir de feu dessus et dessous suivant la routine ordinaire. Il serait à désirer au contraire
que le dessus fût couvert de glaçons, et qu'on pût la garantir de l'action du feu, par la même raison qu'on ne saurait
trop rafraîchir le chapiteau, ou la serpentine de l'alambic
durant une distillation quelconque.

Le double rebord qu'on remarque à ces mêmes couvercles procure l'avantage de les sceller presque hermétique-
ment sans exposer à une détonation, et le rebord interne
rapporte dans la daubière même tous les esprits, les sucs et
les parfums qui s'évaporent ou suintent sur ses bords lorsqu'on ne se sert que de couvercles à un seul rebord.

Un fourneau où les aliments cuisent au bain-marie, nous
semble un meuble dispendieux ; la quantité de combustible
nécessaire à une grande ébullition d'eau exige des frais
qui passent les facultés d'un petit ménage.

Celui que nous donnons page 184, outre les avantages
sans nombre qu'on en peut retirer (on le trouve partout
aujourd'hui), tels que celui de faire cuire à volonté dans la
même marmite peu ou beaucoup de viande, celui d'être
assuré que la viande échauffée de toutes parts par les tuyaux
conducteurs de la fumée, cuira également de tous côtés ; celui d'obtenir un degré d'ébullition constamment le même,
sans presque déranger les cuisinières de leurs autres occupations, et tant d'autres que l'on concevra avec facilité,
sans qu'il soit besoin de les détailler minutieusement.

Nous nous abstiendrons de même de décrire les figures de
la même planche, chacun reconnaîtra ces meubles indispensables. L'une la fontaine à filtre, remplaçant, depuis déjà
longtemps, l'informe et sale pot de grès, l'autre ce buffet
élégant digne successeur du grossier meuble qui était jadis
consacré à cet usage.

EXPLICATION DES FIGURES DE LA PAGE 184.

Fig. 1. Fourneau économique.
Fig. 2. Daubière.
Fig. 3. Couvercle de la daubière.
Fig. 4. Démonstration du système intérieur du fourneau.
A. Porte du foyer faite comme celle des poêles, de dix-huit à vingt centimètres carrés, avec une petite porte pour activer ou modérer le feu.
B. Foyer qui se prolonge jusqu'en C, la pointe en indiquant la forme; il est élevé depuis le sol, où on établit le feu, jusqu'au fond de la marmite, de vingt-trois à vingt-cinq centimètres.
C. Ouverture de dix à quinze centimètres au milieu du fond du foyer qui sert d'issue à la fumée.
D. Passage de la fumée qui circule autour de la marmite.
E. Séparation pour faire tourner la fumée par la droite, et sortir en F, par une ouverture de dix à quinze centimètres.
G. G. Petite ouverture de douze centimètres carrés qui se ferme avec une brique pour pouvoir nettoyer le conduit qui est autour de la marmite.

Le cercle noir indique le fond de la marmite qui est plus grand que les murs du foyer sur lesquels il porte; il n'offre pas plus de trois centimètres de hauteur à l'action du feu.

Fig. 5. Coupe latérale du fourneau et de la marmite.
Fig. 6. Marmite.

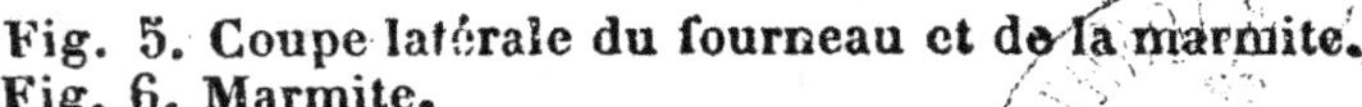

TABLE DES MATIÈRES.

FIN DE LA TABLE DES MATIÈRES.

Paris. — Imp. Ch. Bonnet et Comp., 12, rue Vavin.

www.ingramcontent.com/pod-product-compliance
Lightning Source LLC
LaVergne TN
LVHW051022200726
843508LV00001B/258